Dictionnaire insolite de Tahiti

Dictionnaire insolite

de Tahiti

et des îles de la Polynésie française

Rosanne Aries

COSMOPOLE

Dans la même collection

*Andalousie • Argentine • Australie • Barcelone •
Belgique • Berlin • Birmanie • Bretagne •
Californie • Cambodge • Cap-Vert • Chine • Chypre •
Corée du Sud • Corse • Crète • Cuba • Écosse •
Égypte • Finlande • Florence • Floride • Grèce •
Guatemala • Hongrie • Inde • Inde du Sud • Indonésie •
Irlande • Islande • Italie • Japon • Jérusalem •
Liban • Lisbonne • Londres • Madagascar •
Madrid • Malaisie • Maroc • Mexique •
Naples • New York • Norvège • Nouvelle-Zélande •
Pays baltes • Pays-Bas • Pays basque • Québec •
Rome • Roumanie • Russie • Sénégal •
Sicile • Sri Lanka • Suède • Tel Aviv •
Thaïlande • Venise • Vietnam*

Variations insolites sur le voyage

*Collection dirigée par Patrick Arfi et Vanessa Pignarre.
Conception graphique: Amélie Pignarre.*

*ISBN 978-2-84630-166-4
www.editionscosmopole.com – contact@editionscosmopole.com*

Enfant, elle rêvait de devenir bonne sœur, parce que dans son entourage familial, elles étaient les seules à s'envoler vers les îles les plus insolites, Nouméa, Wallis et Futuna, les Marquises, Rotuma... Rosanne Aries a finalement préféré le journalisme pour réaliser son rêve : vivre à Tahiti. Partie en 2000, elle a passé plus de cinq années à parcourir et écrire sur la Polynésie française et la région du Pacifique Sud. Elle continue aujourd'hui à découvrir les cultures insulaires de tous les océans, avec des retours réguliers à celle qui, dit-elle, lui a appris le meilleur : le goût des autres.

Elle est également l'auteure du *Dictionnaire insolite de la Nouvelle-Zélande*.

À Moerii Tua, Antoine,
Heimata et Hinari, Terei et Marere

Le voyage d'une vie

Tahiti et les îles de la Polynésie française ne laissent jamais indifférent. Sur les pas de Louis-Antoine de Bougainville qui baptisa Tahiti « la nouvelle Cythère » en hommage à la douceur de ses mœurs ou des Américains qui, dans les années 1950, adoptèrent le *tiki* comme figure de proue de leurs loisirs, les utopistes y projettent encore le fantasme d'une vie primitive, insouciante, dégagée de tout quotidien. Brandissant les bungalows sur pilotis, les lagons sans vague, le bronzage sur la plage, une vie sans saison et sans heurt, les sceptiques craignent de s'y ennuyer et d'y perdre la tête, à la manière des coqs polynésiens qui chantent à toute heure de la journée. Paradis sur terre ou désert d'ennui : entre mythe et fatalité, une troisième voie, faite d'expériences, est à trouver sur place. Quelques pistes plus subtiles mèneront à un territoire tout en nuances, comme la palette infinie de ses bleus... et de ses verts ! Car les îles polynésiennes, pour commencer, ne proposent évidemment pas que des activités balnéaires et mille possibilités de se jeter à l'eau, plongée, surf, *va'a*, kitesurf, pêche, etc. – on peut même s'y rendre quand on n'aime pas la mer. C'est aussi la chance de trouver à s'orienter et à se réorienter sur les pentes douces ou raides de ses vallées, sur les chemins éphémères de ses sommets (vestiges d'anciens volcans), le long de ses rivières : les îles sont l'occasion de toutes les marches, loin des sentiers battus.

La Polynésie française a aussi sa culture : si la collectivité ultramarine (pays d'outre-mer) est française, ce n'est pas la France. Des langues selon les îles, des danses qui racontent des histoires, des échanges qui n'admettent aucun mot, une cosmogonie aux multiples divinités, un rythme indolent parfois endiablé, une cuisine au carrefour des influences polynésiennes, européennes et asiatiques, des productions originales comme la perle et la vanille... Mais ce qui surprend par-dessus tout, même averti, c'est la gentillesse des gens, tout le monde parle à tout le monde. C'est aussi la surface océan sur laquelle s'étend le territoire : aussi vaste que l'Europe, il pousse à aimer autant les trajets que les destinations. En revanche, Tahiti ne connaît pas le tourisme de masse et Bora Bora n'a rien d'un grand *mall* à ciel ouvert : là, où nombreux s'imaginent faire du *shopping*, ils rencontreront tout au plus trois ou quatre *mama* vendant des colliers de coquillages. Apprendre la vie locale, c'est avant tout tenter de comprendre le rapport au temps, à la fête, aux esprits et celui à la solitude des habitants de ces îles, si isolées, si lointaines, si chères. La plupart des visiteurs ne s'y rendent qu'une seule fois dans leur existence ; on parle du voyage d'une vie : cela signifie, surtout, qu'il ne faut pas le rater.

N.D.E. Les mots suivis d'un astérisque font l'objet d'une entrée.

0

La cathédrale de Papeete est considérée comme le point kilométrique zéro, appelé aussi PK0. C'est à partir de là que se comptent les kilomètres sur l'île de Tahiti (*Voir PK*) pour se repérer. Impossible de la manquer, elle est remarquable par sa façade jaune. La cathédrale étonne aussi par son histoire, tant les péripéties se sont multipliées durant sa construction. Achevée en 1875 après vingt ans de travaux discontinus, elle a depuis survécu à tout, même au terrible raz-de-marée de 1906 et aux cyclones de 1983. Ses particularités sont sa forme en partie gothique ainsi que ses vitraux, très colorés, qui abordent notamment le thème de la difficile confrontation de la culture polynésienne à la modernité.

22

C'est le nombre d'heures pour atteindre Tahiti au départ de Paris. La Polynésie française, si fantasmée, a aussi ses exigences. Le vol est direct avec un transit obligatoire à Los Angeles ou à San Francisco. C'est long. Et pourtant de grands progrès ont été faits depuis le lancement de la ligne. Pour les premiers vols Paris-Papeete (le premier fut réalisé le 7 juin 1963), les passagers voyageaient à bord d'avions rapides mais au rayon d'action très limité. Entre Paris et les États-Unis par exemple, il fallait ainsi « faire du kérosène » et s'arrêter en Irlande, puis à Terre-Neuve. Le coût des billets était très élevé, au moins 5 à 10 fois plus cher qu'aujourd'hui et les avions peinaient à se remplir de moitié. C'est la compagnie UTA (Union des transports aériens), depuis reprise par Air France, qui assurait les vols. Celle-ci continue aujourd'hui à faire la liaison, mais le territoire s'est aussi doté, en 1998, de ses propres avions et a créé Air Tahiti Nui, la compagnie à la petite fleur blanche, appelée ATN par les Polynésiens, qui assure un vol par jour, via Los Angeles, entre le vieux continent et le *fenua**, en haute saison. Depuis 2018, French Bee dessert aussi la destination, via San Francisco. La compagnie low cost s'est fait remarquer le 15 mai 2020, en effectuant le plus long vol commercial, avec 16 129 kilomètres parcourus entre Tahiti et Paris, en 16 h 49 – un vol unique réalisé sans escale durant l'épidémie de coronavirus.

A

À, É, I, O, OU

L'alphabet tahitien compte cinq voyelles. Les voyelles *a*, *i*, *o* se prononcent comme en français, mais le *e*, sans accent, se dit toujours « é » (« tiaré » pour *tiare*) et le *u* se prononce systématiquement « ou ». Pour les Tuamotu, par exemple, il faut dire « tou-a-mo-tou » et la capitale Papeete, « Pa-pé-été ». Concernant les consonnes, la langue tahitienne, comme toutes les langues polynésiennes, en compte peu : *f*, *h*, *m*, *n*, *p*, *r*, *t*, *v* et la glottale ʻ. Aux Marquises et aux Tuamotu, on emploie aussi la lettre *k*. Le *g*, qui se prononce « gn », n'existe qu'aux Tuamotu. La lettre *b* a par ailleurs été introduite plus tard par les navigateurs au détriment du *p* : à l'origine Bora Bora se disait Pora Pora. Parmi les consonnes, figure la glottale ʻ qui n'est pas à négliger : *ʻori* signifie « danser » ou « danse » tandis que *ori* veut dire « errer, vagabonder, aller sans but ». En langue tahitienne, le *h* est aspiré comme en anglais, c'est le cas pour Tahiti. La prononciation peut être fatale : *te ua* veut dire « la pluie », et *te hua* « le sexe ». Les Tahitiens roulent les *r* (ceux qui parleront sans y arriver seront surnommés les « reureu »). Au pluriel, les mots ne prennent pas de *s*. Enfin, si deux consonnes ne peuvent se suivre dans un mot tahitien, la langue affectionne particulièrement les voyelles : *haamaramaramaraa* signifie « renseignement » et *mauruuru ro'a*, « merci » !

AÉROPORT

Opération Bobcat : le 17 février 1942, les soldats américains débarquent à Bora Bora pour installer une base de repli dans le Pacifique Sud et stopper les Japonais. Durant leur séjour, ils construisent des routes, des réservoirs d'eau, des quais, une station météo, des entrepôts et surtout une piste d'aviation – la première en Polynésie française (qui ne voyait jusque-là passer que des hydravions), construite en quinze semaines. Inaugurée en avril 1943, elle fut la seule piste capable d'accueillir de gros-porteurs jusqu'à la construction de l'aéroport de Tahiti Faaa, dix-huit ans plus tard. Aujourd'hui, il existe 50 aéroports et aérodromes sur le territoire, un chiffre record, car l'avion est le seul moyen de transport capable de desservir des îles aussi éloignées et isolées, le bateau assurant le plus souvent les trajets entre deux îles proches. Parmi les pistes les plus insolites, celle de Ua Pou (aux Marquises), courte et enclavée entre deux montagnes, présente la particularité de s'incurver en fin de course.

AHUTORU

Il est le premier Tahitien à se rendre en Europe. À la suite de son passage à Tahiti en 1768, Louis-Antoine de Bougainville prend à son bord Ahutoru, un jeune homme volontaire de 30 ans, originaire de Raiatea. Ils arrivent à Saint-Malo le 16 mars 1769 et le Polynésien est présenté à Louis XV le 30 avril. C'est le coup de foudre du souverain et de la population pour celui qu'on appelle « le bon sauvage ». Un an plus tard, Ahutoru quitte Paris en vue de regagner son île, toutefois il atteint seulement Maurice où il devra attendre plus d'un an le passage d'une nouvelle expédition pour Tahiti. Le 18 octobre, il embarque, à bord du Mascarin, mais le jeune Polynésien a contracté la variole. Il succombe en pleine mer le 7 novembre 1771.

Quelques années plus tard, un autre Tahitien, Omaï, renouvellera l'expérience, aux côtés de l'explorateur James Cook : il parviendra, lui, à regagner la Polynésie après deux glorieuses années passées en Angleterre.

ANGUILLE

Une rivière sans anguilles est une rivière morte, disent les Tahitiens. L'anguille à oreilles (il s'agit en réalité de nageoires) est sacrée en Polynésie française. La légende raconte que le premier cocotier aurait germé de la tête d'une anguille divine, raison pour laquelle elles ne sont pas consommées. D'une taille impressionnante, jusqu'à deux mètres, il est toujours affolant, dans un premier temps, de voir les enfants jouer avec. Mais en réalité, ces poissons d'eau douce, qui se reproduisent dans l'océan, ne sont pas dangereux, et n'ont rien à voir, malgré les apparences, avec les carnassières murènes. Tout comme les chevrettes* (les crevettes d'eau douce), les anguilles filtrent l'eau et sont garantes d'une eau saine. On leur prête la promesse d'une vie d'abondance. Près du village de Faie, sur l'île de Huahine, une petite colonie de *puhi* a élu domicile dans la rivière Vaiumete : curiosité incontournable, les yeux bleus de ces anguilles géantes « hypnotisent » les touristes.

ARANUI

Il n'en existe pas deux : partir en croisière sur l'Aranui est l'unique façon de visiter l'intégralité des îles Marquises dont la plupart ne disposent pas d'aérodrome. Et le périple proposé, d'une durée de quinze jours, est pour le moins insolite : les croisiéristes côtoient sur le bateau les marins « balèzes » qui assurent, via les baleinières*, le chargement et le déchargement des marchandises. L'Aranui est en effet un cargo mixte dédié au ravitaillement de la population marquisienne depuis les années 1980, et dont certaines cabines ont été aménagées pour accueillir des touristes. Ciment, voitures, nourriture… et croisiéristes sont ainsi déposés sur les îles où le bateau est attendu comme le messie deux fois par mois. En retour, il charge à son bord le coprah*, le *nono**, du citron et du poisson. L'Aranui, surnommé « la septième île des Marquises », est surtout apprécié pour sa convivialité à bord. Il assure 9 escales en 14 jours, au départ de Tahiti, avec deux arrêts au Tuamotu (Takapoto et Rangiroa) et un à Bora Bora. Les visites à terre sont le plus souvent accompagnées. Au milieu de 250 touristes, il est parfois difficile d'apprécier la découverte d'un banian* sacré ou encore de se baigner en silence dans une rivière de Fatu Hiva. Mais la formule convient puisque les réservations se font au moins un an à l'avance. Depuis 2015, l'Aranui 5 remplace le 3. Pas de 4 : l'armateur, une famille polynésienne d'origine chinoise, a écarté le chiffre qui porte malheur.

ARBRE DE FER

C'est une force de la nature. Le *aito*, ou arbre de fer, a non seulement une croissance très rapide (environ deux mètres par an), mais aussi la capacité de pousser sur un sol peu hospitalier et de l'enrichir. Ses performances sont telles qu'il est utilisé comme une essence de reboisement. On le trouve le plus souvent en bord de mer. Présent dans tous les archipels*, le *aito* a depuis toujours connu un sort privilégié en raison de ses qualités : emblème de Oro, le dieu de la guerre dans la cosmogonie polynésienne, il fut un arbre sacré et donc planté autour des lieux sacrés. Les *tiki** représentant Oro étaient taillées dans son bois, dur et lourd. Son écorce rouge brun permet de l'identifier rapidement, ainsi que ses feuilles qui ressemblent à des aiguilles – le *aito* est pourtant bien un feuillu. De feuille en aiguille, il arrive que l'arbre de fer remplace le sapin de Noël dans les foyers polynésiens.

ARBRE DU VOYAGEUR

Si l'arbre du voyageur, appelé aussi Ravenala, est bien originaire de Madagascar dont il est l'emblème, il est depuis si longtemps sur le territoire, et sa forme altière interpelle tant, qu'il est difficile de ne pas l'aborder, même en Polynésie française. Il se remarque forcément. L'arbre du voyageur a des feuilles disposées en éventail qui, en leur base, retiennent l'eau. D'où son nom : ces réservoirs naturels serviraient aux voyageurs assoiffés. L'histoire omet d'évoquer les moustiques, « cent-pieds* » et autres bestioles qui raffolent de ce type de petits endroits sombres et humides. Une blague raconte qu'il y a, dans l'arbre du voyageur, autant à boire qu'à manger. De magnifiques spécimens se dressent au jardin botanique de Tahiti, à Papeari (côte ouest).

ARCHIPELS

Les 118 îles de la Polynésie française (76 habitées) sont réparties en cinq grandes régions appelées archipels. L'archipel de la Société est composé des îles du Vent (dont

Tahiti et Papeete, la capitale, Moorea, Tetiaroa...) et des îles Sous-le-Vent (Bora Bora, Raiatea, Huahine, Tahaa...). Il rassemble plus des trois quarts de la population. Les habitants des Tuamotu (appelées familièrement les Tuam's, ou encore l'archipel des îles corail), vivent au ras de l'eau : la région est composée d'atolls*, dont les plus grands sont Rangiroa, Fakarava, Makemo et Hao. Les Australes (*Voir Grenier*) regorgent d'espèces maraîchères les plus insolites sous ces latitudes. Grâce à la singulière fraîcheur de leurs lagons, les îles de l'archipel des Gambier, les plus isolées, produisent les plus belles perles de culture. Et les Marquises, ou « la Terre des Hommes », célébrées entre autres par Jacques Brel*, Paul Gauguin*, Herman Melville*, sont constituées des îles les plus sauvages : sur les quinze, six seulement sont habitées.

Pour s'y retrouver parmi les archipels, souvenez-vous qu'en superposant les cartes de la Polynésie française et de l'Europe et en plaçant Tahiti sur Paris, les Marquises sont à la hauteur de la Suède, les Gambier, de Varsovie et les Australes, de Rome (les Tuamotu s'étendent entre Tahiti et les Marquises, l'équivalent d'Amsterdam à Budapest).

ATOLL

Ce sont les îles les plus âgées de la Polynésie française : l'atoll est une ancienne île haute qui a subi l'érosion. Ses montagnes ont été englouties et forment désormais une unique barrière de corail sur laquelle quelques habitants vivent. Recherché par les adeptes de plongée sous-marine, l'atoll borde un lagon riche en poissons, qui est relié à l'océan par plusieurs ouvertures, appelées *hoa* par les Polynésiens ou passes* quand elles sont navigables.

C'est aussi l'endroit privilégié pour vivre une robinsonnade : on y trouve des cocotiers et de magnifiques plages de sable blanc, souvent désertes. 77 atolls composent l'archipel des Tuamotu, parmi lesquels Rangiroa, l'un des plus grands du monde, Fakarava, classé par l'Unesco, et le célèbre atoll de Mururoa où eurent lieu les derniers essais nucléaires* français. Tourisme, culture d'huîtres perlières (*Voir Perle*) et du coprah* y sont aujourd'hui les principales activités. Données souvent à voir comme une image du paradis, ces îles de corail sont en réalité très vulnérables : lors des cyclones*, leurs habitants n'ont d'autre solution que de s'attacher au tronc des cocotiers et d'espérer. Elles sont aussi les premières exposées à la montée des eaux*.

AUTONOMIE

La fête de l'Autonomie, célébrée tous les 29 juin (jour férié en Polynésie française), est davantage prétexte à dissension qu'à un véritable rassemblement des Polynésiens. Elle oppose les indépendantistes aux autonomistes. Pour les premiers, le 29 juin 1880 marque l'annexion par la France du territoire, devenu à cette date les « Établissements français d'Océanie ». Pour les seconds, le 29 juin témoigne de l'avènement de l'autonomie de la Polynésie française, en 1984 : tout en restant au sein de la République, un Polynésien devient cette année-là président du gouvernement du pays, Gaston Flosse*. C'est une première. Le gouverneur disparaît et les Polynésiens gèrent dès lors leurs propres affaires. Le drapeau polynésien est par ailleurs reconnu par l'État.

Chaque année, le 29 juin est ainsi fêté par un grand défilé populaire d'associations, d'équipes de sport et de

Miss*, dans les rues de Papeete. Lorsque l'indépendantiste Oscar Temaru* devint président de la Polynésie française en 2004, il en fit un « jour de deuil », et non « d'allégresse », se recueillant sur la stèle qui rend hommage aux Polynésiens morts durant la guerre franco-tahitienne (de 1844 à 1846). En 2014, les autonomistes, revenus au pouvoir, ont fêté les 30 ans de l'autonomie, avec de nombreuses manifestations. Celle-ci n'a cessé, à partir de 1984, de se renforcer. Dernières avancées : le 28 mars 2003, l'autonomie du territoire dépasse la simple loi, elle est inscrite dans la Constitution française (article 74). Depuis le 27 février 2004, la Polynésie française « se gouverne » et non plus « s'administre ». (*Voir POM*)

B

BALEINE À BOSSE

15 mètres et 35 tonnes en moyenne : il n'y a pourtant pas d'autre chant, d'autres courbes et d'autres sauts plus fascinants que ceux de la baleine à bosse. La Polynésie française est l'endroit privilégié pour les observer et les approcher, avec d'infinies précautions. Car nager avec les baleines est interdit en Australie, en Nouvelle-Zélande, en Nouvelle-Calédonie, à Hawaï et aux îles Cook, mais reste possible en Polynésie française. Les *tohora*, comme les appellent les Tahitiens, remontent les eaux froides de l'Antarctique pour s'accoupler ou mettre bas ici. Elles sont attendues : leur arrivée en juillet est annoncée par la floraison de l'*atae*, rebaptisé l'« arbre aux baleines ». Les dernières y restent jusqu'en octobre, une fois que le nouveau-né a puisé assez de force pour (re)prendre la longue route. Afin de les protéger, les eaux polynésiennes ont été décrétées « sanctuaire des mammifères marins » en mai 2002 : elles ne peuvent y être ni chassées, ni harcelées. Il est possible de les voir depuis toutes les îles, mais certaines sont des spots* privilégiés, comme Rurutu, aux Australes : l'île ne possédant pas de lagon, elles s'approchent tout près du rivage.

BALEINIÈRE

Moins de dix ans avant d'écrire *Moby Dick*, Herman

Melville*, âgé de 23 ans, débarquait à Nuku Hiva, après avoir déserté son baleinier qui, comme son nom l'indique, chassait la baleine. Ce type de navire, disposait, à son bord, d'embarcations légères et pointues dites baleinières, sur l'une desquelles le harponneur embarquait à l'approche du cétacé. Les baleinières ont toujours la même fonction. Sauf en Polynésie française : en l'absence de débarcadère, celles-ci sont utilisées pour déposer... touristes et fret. Ces grosses chaloupes, très utilisées sur l'Aranui*, peuvent contenir jusqu'à une trentaine de personnes.

BANANE

Pas d'amalgame : si vous êtes censé apporter le dessert lors d'une soirée polynésienne, ne choisissez pas les fameuses *fe'i* (bananes plantains) pour « faire local ». Endémiques au territoire, elles se dégustent uniquement cuites, et sont à considérer comme un féculent qui accompagne, par exemple, un poisson grillé. Orange vif, petites, les *fe'i* poussent en régime, dressé droit vers le ciel. Paul Gauguin* les a souvent représentées dans ses tableaux (notamment *Le Repas*, au musée d'Orsay). Les autres, les bananes *meia*, sont à déguster telles quelles. La vallée de la Papenoo, à Tahiti, en regorge. Au total, une trentaine de variétés de bananes en tout genre sont cultivées sur le territoire. Jaunes, grenat, vertes et bleutées, elles abondent. Les *meia* sont recherchées pour préparer le *poe*, dans lequel elles sont mélangées avec de l'amidon et cuites au four. Servi chaud avec du lait de coco, le *poe* est un dessert. Quand le potiron remplace les bananes, le *poe* devient un excellent accompagnement salé ou sucré.

BANIAN

Il est à lui seul une forêt. Le banian (*ora*) est remarquable par ses racines aériennes qui, produites par ses branches, se déploient pour se jeter au sol. Immense, l'arbre marquait naguère des lieux fréquentés par quelques élus qui avaient le privilège de se réunir sous son couvert sacré. Des sépultures se déroulaient parfois à ses pieds, où défunt et objets étaient déposés entre ses racines. Il fixait aussi la limite des districts, comme à Tahiti. On l'a longtemps observé comme marqueur de *marae**, lieu des cultes polynésiens, à moins qu'il n'ait poussé qu'ensuite (leur origine fait débat). Dans tous les cas, son ombre séculaire en impose sur les îles hautes du territoire. Mais sa grandeur n'a d'égale que son vice : on l'appelle l'étrangleur. Il a pour armes ses graines aux fruits pourpres, et pour complices, les oiseaux qui les mangent et les répandent sur d'autres arbres, ses victimes. Les petites graines dispersées germent et l'arbre hôte est progressivement étouffé par le banian qui pousse, jusqu'à la mort du premier. Le supplice peut durer un siècle.

BOBBY

Bobby Holcomb est l'un des chanteurs et peintres les plus célèbres de la Polynésie française. Le plus souvent en *pareo**, pieds nus et coiffé d'une couronne de fougères, il a contribué à créer le renouveau identitaire *ma'ohi*, aux côtés du poète Henri Hiro*. Né en 1947, à Honolulu, d'un père noir américain et indien et d'une mère portugaise et hawaïenne, il s'est établi à Huahine, après un voyage de plusieurs années à travers le monde, avec des artistes de renom comme Salvador Dalí. En duo avec Angelo (surnommé « la voix de Tahiti »), il se rend rapidement populaire avec ses chansons qui combinent reggae et musique traditionnelle. Opposé à la colonisation, à l'évangélisation et aux essais nucléaires, il mettra son œuvre au service de la culture polynésienne, militant pour sa réhabilitation. Décédé en 1991, il repose au pied de la montagne sacrée Mou'a Tapu, à Huahine. Certaines de ses toiles sont à découvrir à l'hôtel Maitai Lapita, à Huahine.

BONHEUR INTÉRIEUR BRUT

Les habitants de Rapa, aux Australes, seraient les plus heureux au monde, selon le sociologue Christophe Serra Mallol qui a évalué leur BIB (Bonheur Intérieur Brut) ou « le bien-être subjectif ». L'affaire est très sérieuse : avant lui, plusieurs chercheurs s'y sont intéressés. Il faut dire que Rapa est une île très isolée et particulière : outre ses 900 taureaux en liberté, elle ne possède ni aérodrome ni hôtel. Ses 500 habitants ont leur propre langue et vivent à l'ancienne, en communauté et autosubsistance. Les 98 familles partagent la même religion (le protestantisme), la même terre et le même travail. Ils cultivent le *taro*, pêchent et chassent ensemble. Tout est réparti à parts égales. Leur secret : le Tohitu, un comité de 12 sages qui, avec le conseil municipal, prend les décisions. Dans les années 1990, il empêcha notamment la construction d'un aérodrome. L'influence extérieure y est ainsi très limitée, pas d'obésité, pas de diabète... Rapa est l'île où il fait bon vivre, à condition peut-être d'y être né.

BONITIER

Cette petite embarcation polynésienne, qui se distingue

par sa grande cabine, est à l'origine un bateau de pêche côtière. Mais les Polynésiens s'en servent aussi comme d'un moyen de locomotion à tout faire. À Rangiroa, dans l'archipel des Tuamotu, il est utilisé pour se déplacer à l'intérieur et autour de l'atoll*. Aux Marquises, un bonitier rallie l'île d'Hiva Oa à celles de Fatu Hiva et de Tahuata. Transformé en bateau de plaisance, il promène les touristes sur le lagon. Le bonitier communal assure, lui, des transferts inter-îles ou inter-atolls, ou il est missionné pour remorquer des bateaux en détresse, quand il ne fait pas l'objet d'une avarie, phénomène courant dans les eaux polynésiennes. Mais la fonction première du bonitier est bien de pêcher la bonite, une sorte de thon qui se déplace en banc quand il monte en surface. Repérées grâce aux déplacements des oiseaux, les bonites s'attrapent à l'aide d'une longue canne en bambou et d'un leurre en nacre que les pêcheurs laissent glisser en surface. Un vrai métier, mais aussi un sport dont le chanteur Carlos raffolait.

BOUGAINVILLIER

Des cascades de rose, fuchsia, violet, orange, rouge… Dans les jardins comme sur les bords des routes, ces mille et une couleurs de la flore polynésienne émerveillent. Le bougainvillier est probablement celui qui se fait le plus remarquer : sa masse et ses éclats en imposent. Et c'est avec une grande légèreté que ces grappes de fleurs se balancent à la cadence des palmes qui les dominent. Mais s'agit-il bien de fleurs ? Non : celles du bougainvillier sont petites et blanches. L'arbuste grimpant est trompeur : ses couleurs sont dues à ses bractées (intermédiaires entre les feuilles et les fleurs) qui paraissent faites en papier de soie. Il dissimule aussi en son cœur des épines. Beau, le bougainvillier semble ainsi soucieux de tromper les apparences et garder distance.

BOUNTY (LES FAITS)

Ils croyaient avoir choisi la liberté et le paradis. Ils trouvèrent la mort, devinrent aussi despotiques que celui contre lequel ils s'étaient révoltés et eurent beaucoup d'enfants… Le 28 avril 1789, une vingtaine d'hommes se mutinèrent à bord de la *Bounty*, frégate anglaise sous les ordres du capitaine William Bligh – cible de leur révolte. Alors qu'ils viennent de vivre cinq mois idylliques à Tahiti, repus de tout, ce dernier veut réduire leur ration d'eau au profit de ses précieux plants d'arbres à pain (*uru**) recueillis sur l'île. William Bligh pense que le fruit de l'arbre pourrait nourrir les esclaves des Antilles anglaises, et il tient à les transporter sans encombre à destination. En vain. Bligh est laissé en vie sur une petite embarcation avec quelques hommes. Contre toute attente, ils réussiront à atteindre la terre, et le capitaine réalisera finalement son dessein en 1792. De leur côté, les mutins regagnent Tahiti. Certains seront arrêtés et jugés dans leur pays. Mais neuf d'entre eux, dont le second de la *Bounty*, Fletcher Christian, parviendront à rejoindre l'île isolée de Pitcairn, au sud-ouest des Gambier, avec sept Tahitiens et douze Tahitiennes – leur consentement n'a jamais été prouvé. Tout est à construire. L'insularité, un nombre inférieur de femmes et des Tahitiens aussi bien écartés des décisions que malmenés les poussèrent… vers la mort. Deux ans après leur arrivée, ils s'entre-tuèrent. Un seul Anglais, John Adams, et plusieurs Polynésiens survécurent. En 1808, Adams fut aperçu vivant, entouré de dix femmes et de maints enfants. Les descendants des mutins vivent toujours à Pitcairn qui compte une cinquantaine d'habitants. Faute de place, nombreux ont migré au XIXe siècle vers l'île de Norfolk, à 800 kilomètres de la Nouvelle-Calédonie et à 6081 kilomètres de Pitcairn.

BOUNTY (LES ADAPTATIONS)

Le premier à avoir romancé l'histoire est Jules Verne. *Les Révoltés de la Bounty* parut la première fois en 1879 sous la forme d'une nouvelle. Le texte, dont le célèbre auteur avait acquis les droits, était en réalité l'œuvre du géographe de la Bibliothèque nationale de France, qui s'était lui-même appuyé sur les *Annales maritimes et coloniales* britanniques. *Les Révoltés de la Bounty* parut une seconde fois en 1932, sous la plume du duo américain James Norman Hall* et Charles Nordhoff. Écrite à Tahiti, la trilogie est adaptée au cinéma deux ans plus tard par Franck Llyod : en 1935, *Les Révoltés du Bounty* (« la » *Bounty* passe au masculin) remporte l'oscar du meilleur film. Le succès est tel que les studios hollywoodiens se précipitent sur les autres romans des deux auteurs. *The Hurricane*, avec la Polynésie pour décor, est réalisé par John Ford et sort en 1937 : il remplit les salles à son tour. Les deux films donneront lieu à des reprises. En 1962, Marlon Brando* incarne Fletcher Christian dans *Les Révoltés du Bounty* tourné cette fois-ci par Lewis Milestone. La Metro Goldwyn Mayer, célèbre société américaine de production au lion rugissant, emploie alors 2000 figurants locaux, marquant les esprits et l'économie : les figurants sont payés quatre fois les salaires usuels de Tahiti et la location des logements est triplée. Tarita, la partenaire de Brando, devient sa femme. Pour l'anecdote, Marlon Brando avait aussi été marié à l'une des actrices principales de la première version, Movita Castaneda, une Américaine, qui incarnait une Tahitienne.

BOUREZ, MICHEL

Parmi les champions de surf* de la Polynésie française, Michel Bourez est le digne successeur de sportifs émérites comme Heifara Tahutini, Arsene Harehoe ou encore Vetea David, alias Poto, qui fut le premier du territoire, en 1989, à devenir surfeur professionnel. Michel Bourez va plus loin : en 2011, il atteint le top 6 de l'élite mondiale et, en 2014, le top 5 ; il devient aussi le numéro 1 français. Le sportif s'est fait remarquer dès 2007, à Hossegor, en sortant au 1er tour l'Hawaïen Andy Irons et, cerise sur le gâteau, Kelly Slater, onze fois champion du monde de surf, au 3e tour. Un an plus tard, il devient le premier Polynésien à battre les Hawaïens sur leur propre terrain cette fois-ci. En 2016, il remporte encore les Pipeline Masters à Hawaï. Né en 1985 à Rurutu (Australes), Michel Bourez qui a commencé le surf à 10 ans est un modèle sur le territoire. Sa marque est la puissance, et on le surnomme « le spartiate » ou encore « le Spartan ».

Chez les filles, Vahine Fierro, originaire de Huahine, figure parmi les nouveaux espoirs du surf polynésien.

BRANDO, MARLON

Marlon Brando avait rêvé d'un hôtel hors du commun et écologique pour son atoll* privé de Tetiaroa, à 50 kilomètres de Tahiti. Dix ans après son décès, le 1er juillet 2014, le rêve de l'acteur américain est devenu réalité. « The Brando » a ouvert ses portes : pas moins de 4300 euros la nuit en haute saison (tout inclus), de l'électricité produite par centrale biomasse alimentée par de l'huile de noix de coco et la meilleure cave de la Polynésie française – des vins de légende : Pomerol, le Pin, un Petrus… Mais le véritable luxe de Tetiaroa, qui signifie « à distance », est le silence, l'espace et la beauté. « *Privacy!* », a résumé Leonardo DiCaprio lors de son séjour. Et ça n'est pas Barack Obama qui pourrait le contredire : en 2017, l'ancien président des États-Unis avait choisi de commencer à y écrire ses mémoires, en y séjournant durant un mois. Des bleus incomparables, de longues plages de sable blanc, une flore et une faune exceptionnelles et de singulières histoires. Tetiaroa fut pendant des siècles le lieu de retraite des royautés tahitiennes. En 1789, trois révoltés de la *Bounty** y firent escale. En 1960, lors du tournage des *Révoltés du Bounty*, Marlon Brando, qui incarne le fomenteur de la mutinerie Fletcher Christian, découvre l'atoll* avec sa partenaire Tarita. Fasciné, il l'acquiert en 1967 et s'y rendra régulièrement jusqu'en 1990. Tetia, comme l'appellent les Polynésiens, appartient aujourd'hui à ses héritiers. Il s'égrène sur 13 *motu*, dont la fascinante île aux oiseaux où des scientifiques étudient les sternes huppées, les fous bruns, les frégates… L'îlot principal a aussi servi de décor au film de Claude Lelouch, *Itinéraire d'un enfant gâté*, sorti en 1988, avec Jean-Paul Belmondo.

BREL, JACQUES

Après cinquante-neuf jours en mer, Jacques Brel a jeté l'ancre de son voilier Askoy, à Hiva Oa, aux Marquises, le 19 novembre 1975. Parce que le postier de l'île, Fiston, a demandé au chanteur de décliner son identité pour récupérer son courrier (il ignorait qui il était), il décida de s'installer définitivement sur l'île, avec son amie Maddly Bamy. Il acheta une maison dans le village principal d'Atuona, puis son petit avion, Jojo. Jusqu'à sa mort, Jacques Brel dont les habitants de l'île ne connaissaient pas les chansons, a offert ses services aux Marquisiens. Tous les vendredis, il transportait à bord de son avion le courrier entre Ua Pou et Hiva Oa ; le pilote se rendait aussi disponible pour les malades ou des enfants de l'école restés à l'internat. Inventant un cinéma de plein air, il aida à l'organisation de fêtes pour l'école des sœurs du village. Bien que malade, il enregistra en 1977 son dernier album, recueillant 17 titres écrits à Hiva Oa, dont la célèbre chanson « Les Marquises ». Il est mort le 9 octobre 1978, à Paris, à l'âge de 49 ans, mais c'est au cimetière d'Atuona, à quelques mètres de la tombe du peintre Paul Gauguin*, qu'il repose. Un centre culturel, qui abrite l'avion Jojo, lui est dédié depuis 2004.

BRINGUE

Incontournable en Polynésie française, « faire la bringue », c'est faire la fête. Jouer de la musique, chanter, danser, rire, boire de la bière et manger au son des ukulélés*, guitares, tambours et cuillères frappées l'une contre l'autre : tout est prétexte à faire la bringue, le plus souvent en fin de semaine. Pas de lieu dédié : cela se passe chez les uns et chez les autres, de jour comme de nuit. Chaque invité, amis et *feti'i* (parents), apporte un plat. *Fafaru**, poisson cru, poulet *fafa*, *taro**, pain coco, banane* *fe'i*... L'essentiel est le partage et l'improvisation. Pas de limite à l'appétit et aux chants polynésiens qui se suivent jusqu'au lever du jour. La bringue, c'est aussi l'occasion de transmettre le répertoire des chants populaires.

C

CAFÉ-PAIN-BEURRE

Le trio café-pain-beurre est, contre toute attente, un repas très courant en Polynésie française. Le matin, mais aussi le soir : il est fréquent en fin de journée, sur les bords de route, de voir des personnes avec une dizaine de baguettes sous le bras, à pied ou à vélo. Pour un quart des familles de Tahiti, la triade constitue deux repas quotidiens, souvent complétés avec du pâté de foie, du fromage, du poisson cru, des *firifiri* (beignets au lait de coco) ou des biscuits salés. Une contrainte économique mais aussi l'habitude expliquent ce phénomène populaire, repris dans une célèbre chanson de la Paumotu (née aux Tuamotu) Emma Terangi, « Café-pain-beurre ». Les Polynésiens prennent la plupart du temps du café soluble. Ceux qui ont conservé l'usage du café moulu le relèvent avec une gousse de vanille déposée dans la boîte à café.

CASCADE

La cascade d'eau fraîche n'est pas qu'un mythe. Si chères à Paul Gauguin*, elles sont nombreuses en Polynésie française, cependant il faut souvent marcher, parfois grimper, beaucoup se mouiller pour les voir au plus près. Celles, magnifiques, de la Faraura, à Tahiti, ne sont accessibles qu'à l'issue d'une randonnée sportive, très aquatique. Mais cela en vaut la peine. Toutes les chutes d'eau donnent lieu à de fabuleuses découvertes de l'intérieur des îles comme la cascade de Vaipo (350 mètres) dans la vallée Hakaui (Nuku Hiva, aux Marquises), la plus haute de la Polynésie, au pied de laquelle l'écrivain belge Albert T'Serstevens aimait à se ressourcer dans les années 1940. La promenade qui mène à celle de la Fautaua (135 mètres), à Tahiti, permet d'observer des sites archéologiques, des *marae**, le célèbre bain Loti ou encore le fort de Fachoda, vestige de la guerre franco-tahitienne de la fin du XIXe siècle. Surtout, ne jamais oublier sa lotion anti-moustiques, même pour une balade plus accessible aux Trois cascades (Tahiti), dont la plus imposante atteint 100 mètres de hauteur: les pires spécimens y règnent en maîtres.

CASSE-CROÛTE

Comme le «tricot», le «casse-croûte» est l'un des mots qui interpelle dès les premiers jours. En vente partout, au marché, à l'aéroport, aux roulottes, dans les grandes surfaces, dans la rue, il n'a rien à voir avec le goûter fourré à la fraise ou au chocolat des enfants (pour lequel on dira un «gâteau»): c'est un sandwich (un mot qu'aucun Tahitien n'emploiera), une demi-baguette précisément, garni de jambon, de thon ou plus souvent de hachis-frite ou de *chao men* (légumes sautés et pâtes chinoises). Le «tricot», lui, est un simple tee-shirt.

CATHÉDRALE

Les îles les moins visitées de la Polynésie française appartiennent à l'archipel des Gambier. Ce n'est pas leur charme qui est en cause, mais leur éloignement et une desserte aérienne très réduite. Seulement 1400 habitants vivent sur ces 14 îles très isolées. Et une seule est réellement habitée de façon permanente : Mangareva, avec sa commune principale Rikitea, située à 4 heures de vol de Tahiti. L'archipel réclame un effort, il recèle aussi des trésors étonnants. Son exubérante nature, gorgée d'arbres fruitiers, côtoie des centaines d'édifices religieux bâtis entre 1840 et 1870. Les Gambier sont le berceau du catholicisme en Polynésie française : habitants et missionnaires y ont construit des églises, des presbytères, des écoles, des tours de guet... Parmi eux figure la plus grande cathédrale du territoire, Saint-Michel de Rikitea, dont la première pierre a été posée en 1834. Récemment restaurée, elle est faite de corail et de bois, son autel est paré de nacres, et elle attire pèlerins et curieux du monde entier. Outre leurs bâtiments religieux, les îles des Gambier sont remarquables par leur unique lagon qui produit les plus belles perles* du territoire. La perliculture et le tourisme sont la principale ressource de l'archipel.

CENT-PIEDS

En Polynésie française, il n'existe pas de serpents, rares sont les araignées, et les requins pointe noire sont plutôt conciliants... En clair, les nuisibles y sont quasi inexistants, à celui-ci près : *Scolopendrina subspinipes.* Tel une sorte de mille-pattes, ce myriapode qui peut atteindre jusqu'à 20 centimètres a une piqûre très douloureuse, qui entraîne un œdème. Son poison, virulent sur le coup, n'est toutefois pas dangereux à terme. Pour les Polynésiens, c'est un sale quart d'heure à passer, ils ne se rendent pas aux urgences pour si peu, à l'inverse des Européens en général un peu paniqués. Mais soyez rassuré, cela va passer. En cas d'attaque, il faut désinfecter la plaie. Seuls les enfants et les personnes âgées sont susceptibles de nécessiter plus de soins. Les cent-pieds adorent les jardins, il est donc préférable de porter des chaussures. Sachez que le coq, si détesté par les nouveaux arrivants pour son chant à toute heure de la journée et de la nuit, est son meilleur prédateur, tout comme les poules.

CHEVRETTE

Chevrettes crues au lait de coco, chevrettes au curry, chevrettes sautées à l'ananas et au gingembre… : les crevettes d'eau douce polynésiennes sont particulièrement recherchées par les gourmets. D'une main ou avec un hameçon, dans les rivières et les vasques des cascades, hommes, femmes, enfants, tout le monde s'adonne à la pêche à la chevrette. Il suffit de tremper ses pieds et faire preuve d'une grande vivacité pour espérer remplir son panier. Ces crustacés abondent dans les cours d'eau des îles hautes. Leur pêche est néanmoins réglementée. Deux espèces sur les treize présentes sont endémiques à la Polynésie française : l'une aux Australes et l'autre aux Marquises.

CHIEN

Ils ressemblent davantage à Stitch – surnom qui leur est souvent donné en référence au petit animal extraterrestre affreux et féroce – qu'à Lassie. Les chiens sont nombreux à errer sur la voie publique décharnés, domestiques ou abandonnés. Leur apparence est étrange, les bâtards y sont légion, le chien jaune en tête (les Polynésiens parlent avec humour de « berger tahitien »). Ils sont aussi parfois dangereux. Même pour un footing, il est conseillé de se munir d'une pierre et de feindre à leur approche de la jeter. Cela peut suffire. Face à leur prolifération (surtout à Tahiti et Bora Bora), des campagnes de stérilisation sont menées depuis plusieurs années. Il s'agit aussi de responsabiliser davantage les propriétaires de chiens à ne pas les abandonner une fois adultes, et à ne pas les maltraiter. La loi sur l'interdiction de divagation est encore rarement suivie. Tout comme celle qui interdit d'en consommer : il n'est pas rare d'entendre dire qu'il s'en mange, à l'occasion.

COCKTAIL

Boire un cocktail face au soleil couchant n'a rien d'un cliché : c'est une valeur sûre pour lâcher prise dès son arrivée. Les fruits polynésiens, noix de coco, ananas, mangue, banane, servent de base aux combinaisons les plus insolites et colorées. Le *Maitai* est le plus connu : il est servi avec du rhum brun et blanc, du jus d'ananas, de la grenade, du citron vert, de la liqueur de coco et éventuellement du Grand Marnier ou du cointreau. Le *Pina lagoon* est aussi un classique, à base de lait de coco, sirop de sucre de canne, rhum blanc, nectar d'ananas. Le *Tahiti* mise sur la vanille*, avec du rhum brun et du sucre de canne. Les cocktails les plus chers (jusqu'à 500 euros) et les plus originaux sont à boire à l'hôtel Brando : ils sont servis avec des perles*. *Manuia!* (« succès », « réussite ») est l'équivalent de « Santé ! » pour trinquer.

COCOTIER

Des palmes aux racines, « dans le cocotier, tout est bon » ! Il nourrit, désaltère et habille… Le cœur des feuilles se mange en salade, l'eau de la noix se boit, on tire de son amande pressée le lait de coco, de son amande séchée, le coprah* qui fournit lui-même l'huile pour le *monoï**. Ses palmes tressées (*niau*) deviennent des chapeaux, des paniers, des toitures, voire des couvertures, des nappes et des assiettes. Leurs nervures servent de brochettes ou de balai, la bourre qui recouvre la noix donne la ficelle, le tronc est un matériau de construction et noix, racines et écorces entrent dans la composition de médicaments. Introduit par les premiers Polynésiens et omniprésent encore aujourd'hui, il est exploité sous toutes ses formes. Impossible de ne pas y goûter, de ne pas y toucher, ou tout simplement de ne pas en rêver: dans l'imaginaire collectif, il est associé aux plus belles plages de sable fin, même bagué, comme en Polynésie française, pour empêcher les rongeurs et les crabes d'y monter. Les Polynésiens y grimpent, eux, sans pareil, c'est même un sport traditionnel. Gare à ne pas s'endormir à son pied, les noix du cocotier veillent.

COPAIN, COPINE

«Hey copine, t'attends depuis longtemps?» Oui, c'est bien à vous que l'on s'adresse ainsi, sans pour autant vous connaître! Les Polynésiens de tout âge ont l'habitude d'interpeller une personne dans la rue, au marché, dans une salle d'attente ou de prendre commande en commençant leur phrase par «copain», «copine», ce qui peut surprendre au départ. Au même titre que l'usage du tutoiement (*Voir Tu*), il ne faut rien y voir d'irrespectueux, la formule est simplement chaleureuse. Il ne faut pas non plus croire que l'on vous confonde avec Brad Pitt, dès lors que l'on s'adresse à vous en vous appelant «Brad»: tirée de *brother*, « brather », « brader », « brad », l'expression est aussi amicale et signifie « mon pote » bien que vous ne connaissiez pas la personne. « Brad » est parfois remplacé par « Jo ».

COPRAH

La culture du coprah est indispensable à l'économie de certains atolls* polynésiens. Elle perpétue aussi un geste ancestral. Le coprah est la partie comestible de la noix de coco mûre. C'est la fameuse chair blanche qui, une fois extraite (d'un geste très expert), est laissée à sécher. Collecté dans des sacs, le coprah est ensuite transporté vers l'huilerie de Tahiti pour être transformé en huile de coco afin de fabriquer des savons, des shampooings et même de la margarine. Exportée en majorité vers l'Europe, cette huile va aussi être en partie raffinée sur place pour fabriquer du monoï* et, depuis 2014, alimenter la centrale biomasse de l'hôtel de Tetiaroa (*Voir Brando*) pour produire de l'électricité. Mais cette culture rencontre de grandes difficultés depuis plusieurs années : des problèmes d'acheminement, la migration des jeunes générations vers Tahiti pour trouver un emploi (*Voir Exode*) et un marché fluctuant ont entraîné une diminution de la production qui, de 20 000 tonnes par an avant les années 1980, a été réduite de moitié.

COQ

Se lever au chant du coq est une expression qui perd tout son sens en Polynésie française. Les coqs chantent ici selon leur humeur, à tout moment du jour et de la nuit (surtout la nuit). 23 heures, 3 heures du matin, 4 h 30 du matin... Il n'existe pas de règle, si ce n'est le devoir de se répondre mutuellement : dès que l'un crie, tous ses pairs s'y mettent. Problème de décalage horaire ? Non, ces coqs ne viennent pas de métropole, il suffit d'ailleurs de les voir voler, tout comme les poules, pour comprendre qu'ils n'en ont pas les mêmes caractéristiques physiques. Arrivés avec les Polynésiens sur les îles, ils chantent comme bon leur semble, au grand dam des nouveaux arrivants. Mais on finit par s'y habituer. Comme on s'habitue à leur grande liberté : ils se déplacent avec poules et poussins partout où ils le souhaitent. Ils n'appartiennent à personne et donc à tout le monde. On les apprécie mieux dès lors qu'on les voit chasser les affreux cent-pieds*. On les regarderait presque avec tendresse quand un Polynésien d'origine chinoise rappelle que « le chant du coq amène toujours le bonheur dans la maison ». Sur les bords de route, il est fréquent d'en voir sous un bras d'enfant, d'adolescent ou d'homme : pas d'âge pour les combats de coq, une tradition tolérée sur le territoire où il existe même des gallodromes, de petits cirques destinés aux combats.

COQUILLAGE

Parmi les animaux du récif, les mollusques sont ceux qui comptent le plus grand nombre d'espèces. Ils sont assimilés aux coquillages, mais certains n'en sont pas, comme le poulpe. Les plus représentés sont les gastéropodes et les bivalves (près de 1000 espèces au total). Le troca (gastéropode) est un coquillage nacré dont la chair est comestible et la nacre permet de fabriquer les objets-souvenirs vendus sur le marché de Papeete. Le Pu, une magnifique conque marine faite d'un grand murex (*Charonia tritonis*), est un instrument traditionnel polynésien : utilisé pour appeler au rassemblement, il est encore fréquent de l'entendre à la grande fête du Heiva* ou pour marquer le début de grands rendez-vous. Parmi les bivalves, l'huître *Pinctada margaritifera* produit les célèbres perles*. Et les bénitiers sont remarquables par leur manteau jaune ou bleu qui se rétracte à la moindre stimulation. Le muscle qui lie les deux valves est souvent consommé. D'une très grande diversité, les coquillages des lagons font l'objet d'une cueillette protégée. Les Polynésiens utilisent le plus souvent le cauri, naguère monnaie d'échange, pour confectionner des colliers remis aux visiteurs au moment de leur départ.

CORAIL

Pour les observer (sans les toucher !), rien de mieux que le masque et le tuba : les randonnées palmées autour des « patates de corail » ou dans les jardins de coraux de la Polynésie française sont des moments inoubliables. Par sa couleur, par les poissons qu'il abrite, par sa fine architecture, le corail fascine. Par sa simple présence aussi, car le territoire est l'un des rares à avoir su le garder en bonne santé, malgré les assauts, surtout à Moorea, de l'étoile de mer croqueuse de corail, l'épineuse *taramea*, en repli depuis plusieurs années. Il est ainsi en bien meilleur état que dans la majorité des autres zones du Pacifique, des Caraïbes ou de l'océan Indien. L'espèce reste toutefois très menacée : les agressions liées à la pression humaine (à Tahiti et à Bora Bora) et au réchauffement climatique, susceptible de provoquer son blanchissement puis sa mort, pèsent de plus en plus sur l'« animal-fleur », et pourraient faire mentir le célèbre proverbe tahitien : « Le corail croît, le palmier pousse, mais l'homme s'en va.» Le corail sait aussi se défendre. Qui s'y frotte, s'y pique : en cas de coupure, il faut immédiatement désinfecter la plaie.

CYCLONE

On l'oublie vite, mais son souvenir revient à la première dépression tropicale (avec un vent à 60 km/h) et à la vue de cordes anciennes oubliées sur certains toits de maisons. Même s'il est rare, le cyclone peut sévir en Polynésie française, de novembre à avril. En général, il passe plus à l'ouest, raison pour laquelle le territoire est moins touché que d'autres îles du Pacifique comme les Samoa ou la Nouvelle-Calédonie. Il n'en reste pas moins exposé : affecté en moyenne tous les quatre ans (en réalité vingt ans pour une même île), le pays a connu des moments très douloureux. Le cyclone de 1903, le plus meurtrier, a fait 519 morts aux Tuamotu, dont les 377 habitants de l'atoll* d'Hikueru ravagé par des vagues de 12 mètres et des vents à 172 km/h. Le cyclone Veena en 1983 a provoqué plus de 50 millions d'euros de dommages matériels (6 milliards de francs CFP), et fait 25 000 sans-abri. Même si les mesures de précaution ont été renforcées, les îles restent vulnérables : en 2010, Oli a fait un mort à Tubuai (Australes), provoqué des dégâts matériels et l'évacuation de milliers de personnes à Tahiti. Autre victime des cyclones, la barrière de corail peut aussi mourir sous leurs effets dévastateurs, dix ans sont alors nécessaires pour qu'elle se reconstruise naturellement.

D

DAUPHINS

À l'instar du requin, il est quasi impossible de ne pas en voir: les dauphins ont pris pour oasis les eaux polynésiennes. Dauphin à bec étroit, dauphin à long bec, mésoplodon de Blainville... Au total, huit espèces se côtoient dans l'archipel de la Société. Mais pour eux, le vrai paradis se trouve aux Marquises où l'on peut observer le dauphin électre: habituellement friand des eaux profondes, il ose à Nuku Hiva se rapprocher du littoral et de la surface. Les dauphins, aussi présents aux Tuamotu, ne doivent pas être nourris – ils chassent et ne mangent que la nuit. Depuis 2002, les eaux polynésiennes ont été décrétées «sanctuaire des mammifères marins»: dans cette zone aussi vaste que l'Europe, ils sont protégés.

DÉCALAGE

Vous piquez du nez au restaurant alors qu'il est à peine 18 heures, et vous voilà, debout, en pleine nuit, à rêver d'une assiette de pâtes? Vous êtes en plein *jet lag*. Les effets du décalage horaire sont puissants en Polynésie française puisqu'entre Tahiti et Paris, celui-ci est de 11 heures en hiver et 12 heures en été. Or, il faut autant de jours pour récupérer qu'il existe d'heures de différence entre les deux lieux. Un vrai casse-tête qu'il convient d'anticiper quelques jours avant son départ en adaptant déjà ses heures de sommeil, puis dans l'avion, en se focalisant sur l'heure de Tahiti. Bien dormir, beaucoup s'hydrater et à l'arrivée, profiter un maximum de la lumière du jour sont quelques astuces pour y parer. Important : le décalage horaire est beaucoup plus facile à gérer dans le sens Paris-Papeete que dans l'autre, le corps parvenant mieux à retarder sa période de sommeil qu'à l'avancer.

DENGUE

Comme le chikungunya, les risques de contracter la dengue ne sont forts qu'au moment des rares épisodes épidémiques. La dengue étant un virus véhiculé par les moustiques, il convient de se protéger sans modération avec une lotion insecticide, en vente partout. Le plus difficile dans cette maladie est d'admettre qu'il n'existe aucun traitement. Toute personne atteinte n'a pour seul remède que le temps qui passe, et du paracétamol pour tenter de faire baisser la fièvre – aucun traitement préventif n'est autorisé à ce jour en Polynésie française. Il existe quatre types de dengue, chacune ne s'attrape qu'une seule fois (il y a immunisation dès lors qu'il y a maladie). Les symptômes qui durent moins d'une semaine sont une forte fièvre, des vomissements, une déshydratation, des douleurs musculaires, des troubles oculaires, des céphalées, des éruptions cutanées. Ils sont suivis d'une grande fatigue. La maladie est mortelle dans de très rares cas.

DETTE NUCLÉAIRE

90 millions d'euros (10,8 milliards de FCFP) sont versés tous les ans par l'État à la Polynésie française au titre de la dette nucléaire. Instaurée par Jacques Chirac en

1996 à la fin des essais nucléaires, cette aide, devenue pérenne en 2002, a été rebaptisée en 2010 Dotation globale d'autonomie (DGA). Fixée à 150 millions d'euros au départ, elle n'a cessé de diminuer au fil du temps. Lors de sa visite à Tahiti en 2016, François Hollande a promis de sanctuariser cette somme par prélèvement sur les recettes de l'État et non plus sur le budget du ministère des Outre-mer. La DGA vient en contrepartie des 181 essais nucléaires effectués sur les atolls de Mururoa (appelé aussi Moruroa) et de Fangatafau. Ils font paradoxalement de la Polynésie française l'un des territoires les plus riches du Pacifique Sud, après l'Australie, la Nouvelle-Zélande et la Nouvelle-Calédonie.

DIEUX

À l'instar des Romains et des Grecs, les Polynésiens ont longtemps cru en plusieurs dieux – liés davantage à la nature qu'à la culture – qui ont donné lieu à de nombreuses légendes. L'une d'elles raconte que le premier arbre à pain apparut lors d'une grande famine au cours de laquelle un homme, Rua-ta'ata, s'enterra à mi-corps pour se transformer en arbre et nourrir ainsi sa famille. D'une façon générale, la société polynésienne était très religieuse, vouant un culte fort à ses ancêtres, à leurs pratiques naturalistes et terriennes. Les danses, les chants, les tatouages mais aussi les gestes du quotidien y faisaient référence. C'est encore aujourd'hui souvent le cas, même si le christianisme a remplacé dès le XIXe siècle le culte traditionnel. Il n'existe plus de cérémonies consacrées à ces dieux anciens. Mais il demeure plus ou moins tabou* de déplacer un *tiki**, ou encore de grimper sur un *marae**. Les légendes, transmises uniquement à l'oral*, variaient d'une île à l'autre, voire d'une vallée à l'autre. Considérées comme des mythes par l'extérieur, elles sont souvent interprétées en Polynésie française comme la véritable histoire des temps anciens et des ancêtres (divinisés). Parmi les dieux principaux, on trouve Ta'aroa, le dieu créateur qui a pour artisan, Tu, le dieu de la guerre. Maui est le dieu de la connaissance, il est aussi le créateur des îles de la Polynésie pêchées grâce au pouvoir de son hameçon (les poissons sont devenus îles). Hina est la déesse de la lune et de la femme, 'Oro est, quant à lui, le dieu de la fertilité et de la fécondité.

DISTANCE

Il faut aimer les kilomètres en Polynésie française : le territoire s'étend sur une surface océan aussi vaste que l'Europe (5 millions de kilomètres carrés) sur laquelle s'égrainent 118 îles (dont 76 habitées). Si elles étaient réunies, ces îles ne représenteraient qu'une surface de 3675 km^2, soit la moitié de la Corse. Dans la réalité, on parle de poussière d'îles : la distance entre les plus éloignées correspond à celle entre Barcelone et Stockholm. C'est dire la volonté et l'endurance qu'il faut pour rejoindre chacune d'elles. Il existe d'ailleurs des décalages horaires entre elles : l'archipel* des Gambier a une heure d'avance sur Tahiti, l'archipel des Marquises, 30 minutes. La Polynésie française constitue en outre la contrée la plus éloignée de tout continent. Il faut 22 heures pour la rejoindre au départ de Paris, 8 depuis Los Angeles, 8 depuis San Francisco, environ 6 d'Auckland, 6 h 30 de Nouméa, 5 de Honolulu, 2 h 30 de Rarotonga (îles Cook), environ 6 de l'île de Pâques, 12 de Santiago et 11 de Tokyo.

E

EAU

C'est le paradoxe : la Polynésie française baigne dans une surface océan, mais l'eau est à consommer avec modération. Disponible au robinet dans la plupart des îles, elle est rarement potable, sauf à Papeete et dans les principales communes de Tahiti, ainsi qu'à Bora Bora et Huahine. L'eau est de façon générale une denrée rare. Pour pallier les pénuries, Bora Bora dispose de sa propre usine de désalinisation. Le processus est coûteux et seule la Perle du Pacifique, grâce à ses nombreux complexes hôteliers, peut y prétendre. Aux Tuamotu, où les îles basses sont dépourvues de rivières, l'eau potable manque. Les habitants s'approvisionnent via des citernes à eau de pluie ou la font venir de Tahiti. Ils en consomment six à dix fois moins que dans les îles hautes. Une loi impose aux communes de fournir à tous leurs administrés de l'eau potable à partir de 2024 – les élus de l'archipel des Tuamotu-Gambier ont prévenu être prêts en 2050.

EL NINO

Le retour l'enfant terrible du Pacifique est craint chaque année. El Nino, qui fait référence à « l'enfant Jésus » car il survient en général peu après Noël, est à l'origine un courant maritime chaud des côtes du Pérou et de l'Équateur. Parfois, ce courant s'amplifie et descend davantage vers le sud (dans l'est de l'océan Pacifique Sud). Il provoque alors une augmentation anormale de la température de l'océan, pouvant aller jusqu'à 28-29 °C : c'est le point de départ du risque cyclonique. El Nino est redouté, par les pêcheurs notamment, car avant même la survenue d'un cyclone, il entraîne la raréfaction des nutriments et la migration de la faune sous-marine vers des zones plus nourricières. L'insuffisance des apports nutritifs peut aussi entraîner la décoloration du corail et sa mort, tout comme l'impact direct du cyclone sur la barrière corallienne, rempart entre l'île et les assauts de l'océan. El Nino, qui peine encore à être expliqué, fait l'objet de nombreuses recherches.

EUROPE

La Polynésie française est, comme son nom l'indique, française mais elle ne fait pas partie de l'Union européenne et n'est pas membre de l'espace Schengen, à l'instar des autres collectivités d'Outre-mer. C'est en réalité un territoire associé à l'Union européenne. Le droit communautaire ne s'y applique donc pas. En revanche, elle peut bénéficier d'une aide européenne ; par exemple, le Fonds européen de développement (FED) a versé 30,2 millions d'euros à Tahiti pour la période de 2014-2020. Et les Polynésiens bénéficient de la citoyenneté européenne. Ils participent aux élections des représentants de leur pays au Parlement européen. Lors des élections européennes de 2020, le taux de participation a atteint 22,17 %.

EVASAN

Plus de 500 *evasan* (évacuations sanitaires) sont effectuées chaque année. Par avion ou hélicoptère, sur vol régulier ou spécial, ces transports sanitaires sont la solution adoptée par le pays pour s'affranchir du manque d'infrastructures médicales et de la pénurie de médecins. Des îles de la Polynésie française vers Tahiti, ou de Tahiti vers la métropole ou la Nouvelle-Zélande, les *evasan* sont déclenchées pour des accidents de la route, des pathologies cardiaques et pulmonaires, des urgences pédiatriques, des accidents de décompression, des accouchements prématurés... En raison de leur coût très élevé, le pays limite aujourd'hui leur nombre et expérimente la télémédecine. La santé est le domaine où les investissements sont les plus grands pour rompre l'éloignement.

EXODE

Tahiti abrite près de 70% de la population polynésienne. Son dynamisme économique a contribué à quadrupler son nombre d'habitants en trente ans, attirant tous les jeunes en quête d'un emploi. Mais cet exode vers Tahiti entamé en 1960 (*Voir Nucléaire*) s'est fait et continue à se faire au détriment des autres îles. Pour endiguer le phénomène, le gouvernement polynésien a instauré des mesures de soutien à l'égard des filières propres à ces îles, tel le coprah*. Les résultats peinent à se faire ressentir. Et les lumières de la capitale continuent à séduire, sans pour autant satisfaire les besoins : Papeete doit faire face à des problèmes d'emploi et d'embouteillages... La population des Marquises, des Tuamotu et des Australes a cessé cependant de diminuer. 277600 personnes vivent aujourd'hui en Polynésie française, dont 207300 à Tahiti et Moorea (seulement 6900 aux Australes).

F-G

FA'A'AMU

L'adoption d'un enfant est souvent perçue comme facilitée en Polynésie française, mais à tort. Il existe en réalité deux types d'adoption. La première correspond à une adoption plénière classique. La seconde est dite *fa'a'amu* en tahitien (*hakaï* en marquisien): il s'agit d'une adoption qui se tient en général en famille. Le premier enfant est par exemple confié aux grands-parents, à une tante, un oncle... parce qu'ils sont plus aptes, qu'ils sont stériles ou simplement parce que les parents habitent dans une île éloignée et choisissent de confier leur enfant à un couple vivant à Tahiti pour assurer sa scolarité... Une tradition qui se fait par simple délégation d'autorité parentale et que certains métropolitains sont venus à privilégier pour faciliter leur démarche. Mais il faut savoir qu'une adoption *fa'a'amu* n'implique en rien une séparation totale. Dans le sens polynésien, l'enfant et ses parents biologiques se voient couramment, se connaissent. Ces enfants sont des *fa'a'amu*, ce qui signifie «nourris par d'autres». Afin de limiter les dérives, les services sociaux rencontrent désormais la mère biologique pour s'assurer de son intention.

FAFARU

Il est à la Polynésie française ce que le maroilles est aux départements du Nord: une épreuve gustative, mais incontournable tant le plat est populaire et traditionnel. Sa préparation se fait à partir d'eau de mer et de chair marine ; il s'agit de laisser macérer pendant plusieurs jours quelques chevrettes* ou poissons dans un bocal rempli d'eau de mer, de filtrer le tout, puis, dans le jus obtenu, de laisser mariner du poisson frais découpé pendant deux heures – huit pour les plus téméraires. Certains l'accompagnent de lait de coco ou de jus de citron. Un conseil (indispensable pour les novices) : se boucher le nez lors de la dégustation. Le plat n'a pas le goût de son odeur : c'est très bon dès lors que l'on apprécie les saveurs iodées, telles que celle des huîtres grasses.

FARE

Les maisons polynésiennes sont appelées *fare*, mais guère n'ont conservé l'architecture ancestrale figurant, comme un emblème, au dos des billets de 10 000 FCFP. Au départ était le *fare* en bambou et bois de cocotier, coiffé d'un toit de palmes tressées de pandanus (*rauoro*) ou de cocotier* (*niau*), qui apportait la fraîcheur et la pénombre tant recherchées. Ces constructions traditionnelles sont devenues un luxe aujourd'hui auquel seuls quelques grands hôtels et privilégiés soucieux de profiter d'un faste authentique peuvent encore prétendre. Un coût très élevé et un renouvellement en moyenne tous les cinq ans de ces matériaux ont poussé les Polynésiens vers le toit de tôle, à l'instar du *fare* MTR (Mission Territoriale de la Reconstruction), en bois importé et contreplaqué, devenu une construction répandue en Polynésie française pour son coût abordable. Des maisons très lumineuses, climatisées et énergivores font aussi partie du décor, à côté des anciennes maisons coloniales en bois peint et ceintes d'une grande terrasse. Fare est aussi la capitale de l'île de Huahine.

FENUA

Le *fenua* désigne la Polynésie française ou Tahiti, quand cela n'est pas précisé. Plus exactement, c'est la terre, le pays, ou encore l'île. « Je suis de retour au *fenua* », « Ce sont des légumes du *fenua* ! » ou encore « T'as des nouvelles du *fenua* ? » Le terme est repris par de nombreuses enseignes et baptise plusieurs pensions touristiques, tout comme le grand salon de la création polynésienne qui a lieu chaque année en mai, à Papeete, le « Made in Fenua ». Le mot est aussi employé pour nommer les îles Marquises, ainsi appelées *Te Fenua Enata* en tahitien (« Terre des Hommes ») ou *Te Henua Enana* en marquisien.

FIFO

Le Festival du film documentaire océanien donne chaque année un coup de projecteur sur la production des documentaires de ce continent. Réunissant Polynésiens, Micronésiens et Mélanésiens, il permet de découvrir des aspects et récits insolites de ces cultures, comme la mondialisation à Rapa Nui (île de Pâques), l'art du tatouage aux îles Marquises, la ligue des surfeurs gay australiens, la violence tribale en Papouasie-Nouvelle-Guinée ou les coulisses de l'un des plus grands groupes de danse polynésiens. L'événement se tient sur une semaine en janvier ou février à Papeete, et se délocalise dans l'année pour des éditions hors les murs, à Wallis et Futuna, en Nouvelle-Calédonie, en Nouvelle-Zélande et en Australie et, pour certaines éditions, à Paris.

FIU

Après plusieurs jours de pluie, la formule s'entend partout. « Je suis *fiu* » (prononcez « fiou ») ou « c'est *fiu* » marquent la lassitude, l'ennui, la fatigue, mais aussi la langueur, le ras-le-bol, ou le *spleen* comme disent les Anglais. Inutile d'être déprimé pour employer l'expression : elle convient simplement pour quelque chose que l'on ne souhaite pas faire. « C'est *fiu* l'école ! », peut-on entendre à la sortie du lycée, « c'est *fiu* la pluie », ou même « je suis *fiu* » pour « je suis fatigué ». La célèbre Tahitienne Mareva Galanter a contribué à faire connaître le mot : mannequin, chanteuse, ex-Miss France née à Papeete, elle a intitulé l'un de ses albums *Happy Fiu*.

FLAMBOYANT

C'est un marqueur des saisons : tout comme les arbres à feuilles caduques (*Voir Pomme cythère*), le flamboyant, sorte d'immense parasol, aide à se souvenir du mois en cours – l'absence de saisons marquées à Tahiti désoriente parfois, elle donne souvent le sentiment de mois qui se suivent et se ressemblent, et d'un temps qui paraît s'échapper plus vite encore qu'en Europe. Heureusement, le flamboyant sonne, comme un rappel, l'arrivée de la fin de l'année. C'est en septembre qu'il commence à fleurir sans retenue, se parant progressivement d'un couvert rouge feu vif qui lui vaut son nom. En décembre, le flamboyant exulte. Puis ses feuilles-plumes et ses fleurs tombent à mesure que de longues gousses aplaties apparaissent. Les branches finissent par se débarrasser de tout jusqu'à la nudité durant l'hiver austral (d'avril à septembre), puis le cycle reprend. Il existe des flamboyants un peu partout en Polynésie française. Le plus connu était celui de la commune de Faaa (côte ouest de Tahiti) de la pointe Hotuarea, un lieu de rassemblement populaire. Mais le 22 décembre 2014, une tempête l'a balayé.

FLOSSE, GASTON

S'il est très controversé, Gaston Flosse, chef de file des autonomistes en Polynésie française, a aussi beaucoup apporté au pays. En 1984, il obtient le premier statut d'autonomie interne pour le territoire et est élu premier président du gouvernement. Il va, par la suite, occuper ce poste de 1991 à 2004, s'imposant comme l'homme politique fort du pays. Il est l'un des fondateurs de l'ancien parti RPR (Rassemblement pour la République) et le fondateur du Tahoera'a huira'atira, parti politique polynésien d'inspiration gaulliste. Il est aussi l'ami intime de Jacques Chirac, qui lui offrira un poste de secrétariat d'État sur mesure : Gaston Flosse est chargé de 1986 à 1988 des « Problèmes du Pacifique Sud ». Né à Rikitea (aux Gambier) en 1931, l'homme a aussi été élu sénateur de 1998 à 2014. Il accède à nouveau à la présidence de la Polynésie française en 2014. Mais il est déchu de tous ses mandats quelques mois plus tard, à la suite d'une condamnation définitive dans une affaire d'emplois fictifs. Le « Vieux Lion » avait déjà été condamné à plusieurs reprises mais était jusque-là toujours parvenu à éviter l'application des peines d'inéligibilité. C'est son ex-gendre Edouard Fritch qui, depuis septembre 2014, est le nouveau président du pays. Les deux journalistes Gérard Davet et Fabrice Lhomme livrent un portrait de lui sans concession dans *L'homme qui voulut être roi* aux éditions Stock.

FOURMI DE FEU

L'espèce invasive pèse sur l'environnement polynésien. Native d'Amérique du Sud, la petite fourmi de feu (*Wasmannia auropunctata*), appelée aussi « fourmi électrique », a été accidentellement introduite dans les années 1990 à Tahiti. Une peste qui, outre ses morsures qui brûlent douloureusement et longtemps, se révèle être une prédatrice d'insectes, mais aussi de jeunes oiseaux qu'elle engloutit en moins de dix minutes. Elle agresse les chiens, les chats, pour qui des piqûres répétées peuvent conduire à la cécité. Elle a aussi un impact sur l'agriculture, l'apiculture et le tourisme, même s'il est rare d'en voir, à moins d'une promenade en pleine végétation. Elles vivent en colonie dans les arbres, surtout à Tahiti, et plus récemment à Moorea et Rurutu. Le gouvernement a mis en place un plan d'action en vue d'éradiquer l'envahisseur.

Ne vous y trompez pas : la petite fourmi de feu est rouge, et n'a rien à voir avec l'autre, plus commune, la fourmi noire qui ni ne pique, ni ne vous approche. Le seul défaut de cette dernière est d'être gourmande : les intérieurs des frigidaires vous surprendront tant ils arrivent à tout contenir, même le sucre, pour parer à la fourmi noire.

FOUR TAHITIEN

C'est un défi : cuire le repas dans un four tahitien (*ahima'a*) réclame de la patience, de la place et un grand savoir-faire. Car il faut construire le four. Il s'agit de creuser d'abord un trou dans la terre à la mesure des besoins, puis de le remplir de bourre de coco et de bois qui vont être brûlés pour obtenir des braises. Des pierres plates volcaniques sont ensuite disposées dessus : poreuses, elles sont incandescentes et vont chauffer la nourriture qui, enveloppée dans des feuilles, va y être déposée. On recouvre le tout avec des feuilles de bananier et des couches de terre pour une cuisson à l'étouffée. Une à trois heures plus tard, *pua oviri* (cochon sauvage noir), *uru* (fruit de l'arbre à pain), *taro**, banane* *fe'i*, *fafa* (sorte d'épinard) et poisson... sont exhumés. Le recours au four traditionnel est devenu rare, à la faveur du four à gaz ou à l'électricité. Désormais utilisé pour les grandes occasions, fêtes de paroisses, mariages, et dans les grands hôtels, le *ahima'a* donne aux aliments un délicieux goût fumé.

FRANC PACIFIQUE (FCFP)

L'euro n'a pas fait disparaître tous les francs. Dans les collectivités d'outre-mer de l'Océanie, le franc Pacifique (franc CFP ou FCFP), créé en 1945, résiste : on le retrouve en Polynésie française, en Nouvelle-Calédonie et à Wallis et Futuna. Les motifs diffèrent, mais la monnaie est la même d'un territoire à l'autre. Les pièces s'échelonnent de 1 à 100 FCFP. Côté pile : paysage côtier, *tiki**, *uru**, pirogue etc. Côté face : Minerve, et Marianne au-delà de 5 FCFP. Depuis 2014, de nouveaux billets de 500 à 10 000 FCFP, plus petits et plus colorés, sont en circulation : y figurent des éléments culturels, artistiques et naturels de la Nouvelle-Calédonie et de la Polynésie française (dans une moindre mesure de Wallis et Futuna). Selon un décret daté de 1945, le franc CFP signifie « franc des Colonies Françaises du Pacifique » même si l'appellation a évolué, en dehors des textes, par « Change France Pacifique ». Le passage à l'euro a été évoqué à plusieurs reprises, c'est aux trois collectivités d'en décider. (*Voir Europe*)

FRANGIPANIER

Son parfum capiteux est inoubliable. La petite fleur blanche au cœur jaune du frangipanier (*Plumeria*), appelé *tipanie* par les Polynésiens, est la note florale qui domine en Polynésie. Utilisée pour parfumer les monoï, elle sert à confectionner des colliers et des couronnes. L'arbre, qui fut introduit en 1852 à Tahiti, symbolise l'immortalité : à l'instar du cyprès métropolitain, il est planté dans les cimetières, et partagerait des liens privilégiés avec les esprits. Ses rameaux coupés peuvent être conservés longtemps avant d'être replantés. C'est l'arbre de la vie de la Polynésie française. Moins connues, certaines variétés comme le *Plumeria rubra* produisent des fleurs roses ou jaunes.

GAUGUIN, PAUL

« Ce que je désire, c'est un coin de moi-même encore inconnu », écrit-il à son ami le peintre Emile Bernard en août 1889. Deux ans plus tard, Paul Gauguin arrive à Tahiti, pour se débarrasser de l'influence de la civilisation et peindre comme l'enfant. Très motivé, il parvient les premières années à peindre beaucoup, dont *Nafea faa ipoipo* ou *Quand te maries-tu ?*, achevé en 1892 à Tahiti – il sera acheté par le Qatar en 2015 à plus de 262 millions d'euros. Mais à l'époque, le succès n'est pas au rendez-vous, ses nus et ses couleurs vives « hors-la-loi » ne séduisent pas à Paris. Accablé en outre par la maladie et le récent décès de sa fille Aline, Paul Gauguin plonge progressivement dans la dépression et projette de se suicider. Il peint auparavant son testament spirituel, sa fresque intitulée *D'où venons-nous ? Qui sommes-nous ? Où allons-nous ?* (au musée des Beaux-Arts de Boston aujourd'hui), puis absorbe de l'arsenic. Mais l'homme survit. Il décide alors de poursuivre son œuvre aux Marquises : il s'installe à Atuona, sur l'île d'Hiva Oa, en 1901, où il peint et écrit *Avant et Après*.

L'accalmie est de courte durée : l'artiste, surnommé Koké par les habitants de l'île (issu de la prononciation de « Gauguin » par les Marquisiens), milite sur place en faveur de la tradition polynésienne et pousse les enfants à ne pas se rendre à l'église et à l'école qui leur enseigne l'Histoire de France. Une prise de position qui lui vaut une amende et une condamnation à trois mois de prison. Il n'eut cependant pas le temps d'accomplir sa peine : il décède le 8 mai 1903, à l'âge de 54 ans, seul, dans sa maison du Jouir (ses vestiges, des panneaux de bois sculpté, sont exposés au musée d'Orsay, à Paris). Le jour de son décès, la Mission catholique, excédée par ses déboires, déclara : « Triste mort subite du triste M. Gauguin, pauvre peintre, pauvre littérateur, pauvre chrétien. » Il est enterré au cimetière communal d'Atuona où Jacques Brel* l'a rejoint des années plus tard. Le musée de Papeari (Tahiti) consacré à sa mémoire, a fermé ses portes en 2013 – un projet de réouverture est à l'étude. Il reste possible de découvrir des reproductions de ses peintures et sculptures au Centre culturel Gauguin, à Atuona (Hiva Oa), ainsi qu'une réplique de la Maison du Jouir sur la place du village. Mais aucune œuvre originale n'est exposée en Polynésie française.

GRASSE MATINÉE

On parle souvent de l'indolence des Polynésiens et de la « *fiu** attitude » qui consiste à ne pas faire grand-chose de la journée. Pourtant la grasse matinée n'existe pas. En tout cas, pas comme on l'imagine : se lever à 7 heures fait déjà figure de grasse matinée ! Ici, les habitants vivent avec le soleil et ont l'habitude de se lever dès 5 heures. On vous donnera même facilement rendez-vous à cette heure pour anticiper les bouchons qui débutent à Tahiti, sur les voies qui se rendent à Papeete. À 20 heures, les rues sont pratiquement désertes.

GRENIER

Alors que le thermomètre affiche environ 27 °C tout au long de l'année, quelques îles connaissent des hivers frais, avec des températures qui avoisinent les 15 °C. Rares sont ceux qui s'y rendent : situées à 600 kilomètres au sud de Tahiti, les îles Australes (Rurutu, Tubuai, Rimatara, Raivavae et Rapa) sont peu touristiques. Isolées, pas d'hôtels, quelques pensions de famille : elles sont surtout fréquentées durant la saison des baleines*. Mais leur originalité relève bien de ce climat tempéré, idéal pour l'agriculture, leur principale activité qui vaut à l'archipel d'être qualifié de « grenier de la Polynésie française ». À Tubuai, plaines et pâturages fertiles étonnent. Ici, on exporte plus que l'on importe. Il y a même des vaches. Pommes de terre, carottes, oignons, choux, *taro**, vignes grimpantes à Rapa, caféiers, orangers, pêchers, pommiers, poiriers, framboisiers… font la richesse de ces îles de l'abondance.

GROTTES

Les grottes sont des monuments naturels en Polynésie française, des lieux de légendes et de mystère. Une stalactite géante prend la forme d'une patte d'éléphant dans la grotte de Vaimarui, à Makatea (Tuamotu) : elle exauce tous les vœux à condition de la toucher de la main gauche.

Des marches ont été taillées dans la roche pour atteindre, à 30 mètres de profondeur, un bassin d'eau douce dans la grotte Hina, toujours à Makatea : lieux de jeux pour les enfants, les différentes salles qui forment le bassin se découvrent à la nage. Non loin, la grotte de la princesse espagnole intrigue beaucoup : elle abrite quatre cercueils en bois d'arbre à pain, dont celui d'une princesse inconnue (probablement espagnole) qui aurait vécu plusieurs années sur l'île à la suite d'un naufrage. Tahiti n'est pas en reste : les grottes de Maraa sont facilement accessibles au PK 28,8 (côte ouest). La première illusionne par son plafond tombant qui semble faire reculer le fond de la cavité à mesure que l'on s'avance. Les plus belles sont nichées à Rurutu (aux Australes). C'est dans celle d'Ana Ae'o, appelée aussi « la grotte Mitterrand » que l'ancien président de la République française fut reçu en 1990 par les habitants de l'île. Attention, certaines grottes peuvent être taboues, interdites, comme à Fatu Hiva (aux Marquises) ; il convient de toujours se renseigner avant de s'y engager, ne serait-ce que pour connaître leur fantastique histoire.

H-I

HALL, JAMES NORMAN

Avant d'être un écrivain, l'Américain James Norman Hall fut un extraordinaire aventurier. Vaillant soldat durant la Première Guerre mondiale, il publia des articles et des livres, tout en poursuivant une carrière dans l'armée de l'air anglaise puis française. En 1920, le pilote s'installe à Tahiti où commence une collaboration d'écrivains avec son compatriote, Charles Nordhoff. Jusqu'à sa mort en 1951, aux côtés de son épouse polynésienne, Sarah Teraureia Winchester, surnommée Mama Lala, James Norman Hall vécut en toute discrétion à Arue (côte est de Tahiti) où il écrivit des livres, dont *Les Révoltés de la Bounty* en 1932 et *The Hurricane* en 1936, adaptés tous deux au cinéma. Il est enterré au-dessus de sa maison, sur la colline qui domine la baie de Matavai (où la *Bounty** s'ancra pour la première fois en 1788). Transformée en musée, la maison a été classée monument historique. Sa fille, Nancy Hall Rutgers, a fait traduire et éditer tous ses livres en français.

HAWAIKI NUI VA'A

Si tout cycliste rêve de participer un jour au Tour de France, tout rameur rêve de faire la Hawaiki Nui Va'a. La course de pirogue polynésienne (*va'a**) est une compétition internationale, en haute mer et en lagon, qui réunit chaque année, en novembre, plus de 120 équipes. C'est le plus grand événement sportif de la Polynésie française et sûrement la course de pirogue la plus difficile au monde : 124,5 kilomètres au départ de Huahine, parcourus en moins de dix heures, sur trois jours, au cours de trois étapes (Raiatea, Tahaa et Bora Bora). À bord d'embarcations à six places qui doivent leur stabilité à un unique balancier, la cohésion de l'équipe est indispensable : cinq hommes rament alternativement des deux côtés, tandis que le barreur choisit la route. Parmi eux, le chef d'équipe est chargé de compter les coups de rames, d'imprimer un rythme et de donner l'ordre de changer de côté la rame. Jouer avec la force des vagues, avec la houle pour une cadence toujours plus élevée : les meilleurs vont jusqu'à 80 coups de rame/minute et à près de 25 km/h sur l'eau. Un exploit sportif dominé par les Polynésiens sur la scène internationale. Lancée en 1992 (1995 pour les femmes qui parcourent 45 kilomètres au total), la course tire son nom de Hawaiki Nui, l'île légendaire qui désigne le berceau de la civilisation polynésienne et à partir de laquelle fut colonisé le reste du triangle polynésien. Raiatea, l'une des étapes, est traditionnellement considérée comme cette île mythique.

HEIVA

Le mois de juillet est consacré à la culture polynésienne : pendant trois semaines, le Heiva I Tahiti (appelé couramment Heiva) met à l'honneur chants, danses, artisanat et sports traditionnels. Les hommes forts s'adonnent au lancer de javelot : ils doivent atteindre une noix de coco hissée au sommet d'un mât de 10 mètres, placé à 20 mètres des participants. Autres disciplines : la course des porteurs de fruits (de 30 à 50 kg) et le lever de pierre (de 80 à 100 kg). Mais le Heiva, organisé depuis 1881, s'illustre surtout par son concours de danse, le plus ancien du continent océanien, qui rassemble plus d'une centaine de danseurs venus de tous les archipels, devant 4000 spectateurs chaque soir. À cette occasion, les districts et les îles s'affrontent, au rythme de légendes anciennes. La préparation d'un tel événement (choix de la musique, chorégraphie, costumes en fibre végétale etc.) est très exigeante. Mais les champions (par groupe ou en individuel) sont ensuite célébrés durant toute l'année. Des concours de chants sont également organisés. Autrefois appelé Tiurai («juillet»), le Heiva donne lieu à la reconstitution de cérémonies sur les *marae** et à des marches sur les pierres chauffées: tout le monde y est convié pour honorer les dieux. Dans la langue tahitienne, *heiva* signifie «jeu», «loisir».

HIBISCUS

La fleur d'hibiscus pourpre est aussi populaire en Polynésie française que la fleur de *tiare*. Appelée aussi *aute ma'ohi*, elle décore cheveux, robes, tables et peaux: tatouage courant, le motif de l'hibiscus est aussi présent sur tous les tissus. La fleur symbolise l'amour et la rencontre: portée sur l'oreille droite, elle signifie «je suis disponible», sur l'oreille gauche «j'ai déjà un partenaire!» Si la pourpre est la plus convoitée, elle existe aussi en rose, jaune orangé et parfois même en blanc. Magnifique, l'hibiscus fleurit toute l'année et vient parfumer les confitures, les gâteaux, les infusions etc. Utiles également, des plants d'*aute* rouge étaient naguère plantés comme des repères, le long des sentiers difficiles. La fleur prête son nom à de nombreux hôtels et pensions de famille.

HINANO

Ce prénom féminin, très répandu en Polynésie française, est aussi le nom de la bière locale. Une bière si populaire qu'on ne commande pas « une bière » à Tahiti, mais « une Hinano »... Elle est la boisson préférée des Polynésiens qui ont, d'une façon générale, autant de goût pour les saveurs sucrées que pour la bière – l'alcool est considéré comme un fléau à Tahiti où des horaires restrictifs ont été imposés pour la vente d'alcool à emporter. Elle arrose toutes les bringues*, parfois (souvent) à l'excès. La marque est aussi associée à des événements sportifs, et il existe même une Miss Hinano. Bref, vous entendrez souvent ce nom... Son logo est très reconnaissable : la fameuse vahiné* avec une fleur à l'oreille, dessinée par le peintre Pierre Heyman, que l'on retrouve jusqu'en métropole, collée à l'arrière des voitures. *Hinano* est à l'origine la fleur blanche, très odorante, du pandanus*, que les Polynésiens utilisaient autrefois pour fabriquer de la bière. C'est aussi la fleur emblématique de la déesse lunaire polynésienne, Hina.

HIRO, HENRI

Né en 1944 à Moorea, Henri Hiro est reconnu comme l'un des plus fervents défenseurs de la culture polynésienne. Empruntant de nouvelles voies pour la réhabiliter, il a initié la littérature, le cinéma et le théâtre insulaires contemporains. Contre les essais nucléaires, l'urbanisation, l'ultra-consommation et tous les maux qui, selon lui, déstabilisent la société polynésienne et son environnement, il a milité avec ferveur, aux côtés de ses amis comme Bobby* Holcomb.

En 1979, il a réalisé son premier film, *Château*, sur une

jeunesse tahitienne en perte d'identité et, trois ans plus tard, *Marae*, qui met en scène une cérémonie d'intronisation traditionnelle. Hiro a également écrit une série télévisée de 15 courts-métrages pour enfants sur les arbres de la Polynésie.

Message poétique, qui réunit 27 poèmes écrits en tahitien, fut sa dernière œuvre, parue en 1990 et traduite en français. Henri Hiro est décédé la même année à Huahine.

HYMNE

La Polynésie française est le seul territoire de l'État français à disposer de ce privilège: depuis 1993, elle possède son propre hymne national. *'Ia ora 'o Tahiti Nui* («Pour que vive la grande Tahiti») est chanté en tahitien, à l'occasion de la fête de l'Autonomie* (le 29 juin) et lors des grandes réunions ou manifestations sportives internationales auxquelles le pays participe. Le territoire avait déjà son drapeau, depuis 1984, sur lequel figurent une pirogue et cinq *tikis**, représentations des dieux*, rappelant les cinq archipels* de la Polynésie française. Il accompagne, en toute simplicité, le drapeau français sur les sites officiels.

'Ua rahu te Atua (i) to'u 'ai'a	*Mon pays est né de Dieu*
Hono no'ano'a o te motu rau	*Collier d'îles multiples*
Heihei i te pua ri'i au e	*Aux délicates senteurs*
E firi nape morohi 'ore	*Reliées d'une tresse immortelle*
'O ta'u ïa e fa'ateniteni nei.	*Aujourd'hui je te loue.*
Te tuoro nei te reo here	*Voici que s'élève la voix*
O te hui'a	*de tes enfants*
'A hi'i to aroha	*«Répands ton amour»*
'Ia ora 'o Tahiti Nui e.	*Pour que vive Tahiti Nui.*

ICE

Cette drogue est une vraie plaie en Polynésie française depuis les années 2000. Fabriquée aux États-Unis, ce dérivé de la méthamphétamine présente de puissants effets euphorisants, pouvant créer des lésions irréversibles du cerveau et des organes vitaux. La Polynésie française compterait environ 10000 consommateurs d'ice, soit environ une personne sur 30. Phénomène de mode chez les plus jeunes, cette drogue de synthèse, reconnue comme très addictive, touche toutes les catégories sociales.

ICE-CREAM

Si vous demandez une glace à un Polynésien, il vous apportera des glaçons. Pour obtenir une boule vanille, chocolat ou autre, il faudra demander de l'*ice-cream* (prononcez «escrime»), qui est très consommée à Tahiti, bien que chère comme tous les produits laitiers.

IDENTITÉ PLURIELLE

À l'instar des autres collectivités d'outre-mer, la Polynésie française est une société multiculturelle. Plus rare est le fait que ces cultures ne sont pas une simple juxtaposition: les habitants de la Polynésie française vivent ensemble, et l'augmentation du nombre de «demis» – ainsi sont appelés et s'appellent eux-mêmes les «métis» (le terme n'a pas un caractère péjoratif) – montre à quel point ce «vivre ensemble» paraît bien fonctionner, malgré des inégalités sociales. La population du territoire est ainsi composée de Polynésiens (74%), de *popa'a* (11,9%) – les *popa'a* sont les Blancs, ceux qui prennent des coups de soleil, *popa'a* vient de *pa'apa'a* (qui signifie brûler, avoir la peau brûlée), la grande majorité est métropolitaine –, de demis ou métis (9,3 %) et d'Asiatiques, pour la plupart d'origine chinoise ou *tinito* (4,7 %) – leur arrivée date de 1860 avec l'ouverture d'une grande plantation de coton à Tahiti.

Mais ces chiffres sont à prendre avec du recul : l'appellation de « demi » est au choix de l'intéressé. Ce qui signifie que si la population compte autant de Polynésiens, c'est parce que ces derniers se sentent surtout *ma'ohi** avant d'être demis. Par ailleurs, un métropolitain est forcément un *popa'a*, mais il est aussi *farani* (d'origine française) ; un Américain est un *popa'a merite* et un Britannique, un *popa'a peretani*. De telles catégories, autant précisées et employées couramment, sont parfois déstabilisantes. Lors d'un spectacle à Papeete, l'acteur Jamel Debouze interrogeait la salle avec humour : « Tu es demi ? Et y'a quoi de l'autre côté de la biscotte ? »

INTERNET

Surfer sur la vague, oui ! Sur le web, cela risque d'être plus compliqué. C'est probablement le moment de se déconnecter. Malgré tous les efforts réalisés depuis une quinzaine d'années, notamment la mise en place d'un câble sous-marin entre Hawaï et Tahiti et de câbles domestiques vers les Tuamotu et les Marquises, la connexion demeure aléatoire. Vous pourrez vous connecter plutôt facilement (mais sans exigence de vitesse) à Tahiti, Bora Bora, Moorea, Raiatea et Tetiaroa. Pour le reste, les perspectives sont minces, et ce, malgré les points internet ou connexion wifi proposés dans les hôtels (gratuits ou payants). On trouve des cybercafés à Tahiti, Bora Bora, Raiatea et Moorea.

J-K

JOUEUR

La Polynésie française est un territoire de chanceux ! Et pas seulement pour la vue sur le lagon. Les Polynésiens figurent au premier rang des gagnants de l'EuroMillions. Parmi l'ensemble des départements français et des collectivités ultramarines, à nombre d'habitants équivalent, le territoire est la zone qui compte le plus grand nombre de gagnants. Pour le loto, même aubaine, puisque Tahiti se classe dans le top 5 des plus chanceux. Il faut dire aussi que les files d'attente sont longues devant le Fare loto (la maison du jeu), à Papeete. Les Polynésiens s'adonnent sans trop de limites aux jeux de grattage et de tirage, certains, aussi, aux jeux clandestins comme le *kikiriri* (l'équivalent du bonneteau).

KAINA

Le mot est ambigu : il peut être aussi valorisant que péjoratif, au même titre que le terme « populaire » en français. À Tahiti, on parle ainsi de musique *kaina*, de *kaina party* (les bringues* polynésiennes), d'une couronne de fleurs confectionnée à la *kaina*, d'une personne *kaina*... Le terme se rapporte à la culture polynésienne et peut aussi bien souligner un caractère authentique, coutumier que commun ou vulgaire. Le mot serait originaire des Tuamotu.

KAVA

C'est la fameuse boisson euphorisante (voire hypnotique) polynésienne consommée naguère surtout au Vanuatu, aux îles Fidji, à Wallis et Futuna, en Nouvelle-Calédonie… beaucoup moins en Polynésie française. Le *kava* désigne à la fois la plante, appelée *Piper methysticum*, et la boisson préparée à partir de ses racines. Autrefois, des jeunes filles avaient à charge de mastiquer puis de recracher la fameuse racine pour ensuite la laisser macérer dans de l'eau. À l'occasion de grandes cérémonies, la potion obtenue était versée dans une coque de noix de coco qui passait de main en main. Le cocktail est détonnant, dit-on, et entraînerait l'euphorie, l'ivresse, avec des effets hypnotiques. À forte dose, il peut être considéré comme un puissant anxiolytique. Les cérémonies du *kava* ont pris fin à Tahiti en 1880, après leur condamnation par les Européens. Un siècle plus tard, à la fin des années 1990, la plante a, contre toute attente, été remise au goût du jour pour son influence bénéfique contre le stress : sous la forme d'un complément alimentaire, elle fut ainsi en vente libre en Europe. Mais, à la suite de plusieurs cas d'hépatites sévères, elle a été interdite dans certains pays, dont la France. En Polynésie française, le *kava* est encore aujourd'hui consommé illégalement, de manière « minime », selon les autorités.

KITESURF

Les véliplanchistes ou windsurfeurs quittent progressivement leur discipline pour le kitesurf (ou flysurf) quand d'autres ajoutent tout simplement un cerf-volant ou une aile de traction à leur planche de surf. C'est le principe du kitesurf, très en vogue en Polynésie. Il permet toutes les figures insolites, à la manière du skateboard, des pointes de vitesse impressionnantes et l'étrange sensation de voler au-dessus de l'eau ! Apparu à la fin des années 1990 à Tahiti, le kitesurf se pratique surtout sur la plage de Hiti Mahana, face au *motu* Martin à la pointe Venus (côte est de Tahiti), dans la baie de Phaëton, à Taravao, ou encore sur la plage des Tipaniers, à Moorea. Un centre de kitesurf a ouvert ses portes à la pointe Matira, à Bora Bora, vantée comme l'un des meilleurs spots* : un site magnifique qui fait (presque) oublier son manque de souffle. Des kitesurfeurs optent pour les lagons les plus vastes, aux Tuamotu (Tikehau, Rangiroa et Manihi) : un terrain désert, du vent et un décor grandiose. La meilleure période pour pratiquer ce sport de glisse se situe de mai à septembre (*Voir Maraamu*).

L

LAGON

Bleu turquoise, vert jade, bleu de paon ou d'un blanc éblouissant : les lagons polynésiens peuvent apparaître aussi cristallins qu'éclaboussés de mille couleurs. Bordant les îles hautes ou au centre des atolls, ils sont comme des oasis au milieu d'un désert. Les lagons attirent tous les visiteurs : les requins se nourrissent dans les passes, tout comme les bancs de barracudas et les raies manta, les dauphins jouent à se mesurer à la force du courant. À l'intérieur du lagon riche en plancton, les coraux séduisent poissons papillons, perroquets, hippocampes... qui font presque oublier les murènes nichées dans les antres coralliens. Les raies léopards, aigles et pastenagues survolent avec grâce le fond sableux. 800 espèces de poissons habitent les lagons de la Polynésie française, qui attirent les plongeurs du monde entier. Certains ont leurs habitués : le lagon de Tikehau (Tuamotu) est connu pour être le plus poissonneux, les « aquariums » de Faaa (Tahiti) et de Bora Bora (proche de la pointe de Matira) sont de sublimes endroits qui rassureront les randonneurs à palmes et à tuba les plus craintifs. Celui de Rangiroa (Tuamotu) est remarquable par sa diversité et sa grandeur : deuxième plus grand lagon du monde, il pourrait contenir l'île de Tahiti. C'est aussi dans les lagons que se cultive la perle* de Tahiti. Seules les Marquises en sont dépourvues.

LAIT & EAU DE COCO

Longtemps seule source d'eau potable sur les atolls, elle est désormais la boisson d'accueil : l'eau de coco, très appréciée en Europe et aux États-Unis, est servie fraîche sur le territoire dans sa noix verte avec une paille. 100 % naturelle. À boire avec modération pour ne pas craindre des troubles digestifs immédiats en cas d'excès.

L'eau de coco ne doit pas être confondue avec le lait de coco (le coco), issu de l'amande râpée et pressée de la noix, et qui, à l'instar de l'huile d'olive pour la cuisine méditerranéenne, est une signature culinaire polynésienne traditionnelle utilisée à toutes les sauces. Porc ou poulet au lait de coco, poisson cru au lait de coco, chevrettes crues au lait de coco... Le pain coco, que l'on trouve au marché de Papeete, est aussi fait à base de soupe de lait de coco. Le coco ajoute à tous ces plats une saveur sucrée, dont les Polynésiens raffolent.

LALIBERTÉ (GUY)

Quand le milliardaire, fondateur du Cirque du Soleil, Guy Laliberté, a acquis en 2007 l'atoll de Nukutepipi (Tuamotu), il a aussitôt créé ce qu'il appelle son « œuvre d'art ». Long de 5,6 kilomètres, cet anneau corallien privé, qui se loue à hauteur d'un million d'euros la semaine, dispose d'un studio d'enregistrement, d'un observatoire d'astronomie, d'une cathédrale de 9 mètres de haut, d'un spa, de restaurants, d'une salle de cinéma... Ce projet pharaonique a coûté près de 100 millions d'euros et n'est pas terminé. Des ingénieurs se consacrent désormais à l'autosuffisance alimentaire de l'île, à l'étude des abeilles et des oiseaux, d'autres s'activent à la création d'une réserve de *tiki**. Comble de la démesure : Guy Laliberté s'est créé son espace-temps en décrétant son propre fuseau horaire de + 1 heure par rapport à Tahiti.

LANGUE

La langue officielle est le français. Mais une trentaine de langues polynésiennes sont aussi d'usage sur le territoire, l'isolement des îles ayant profité au développement de plusieurs « parlers ». Le tahitien, qui est la langue maternelle des habitants des îles de la Société, est le plus répandu. Il existe aussi le marquisien (aux Marquises), le paumotu (Tuamotu), le mangarévien (Gambier) et les différentes langues des Australes. Tous les Polynésiens parviennent globalement à se comprendre. Par exemple, la maison se dit *fare* en tahitien et *fae* en paumotu, *hae* en marquisien et *rae* aux Australes. Ces langues ont longtemps été interdites au profit du français. Depuis 1981 et la loi qui permet l'enseignement des langues régionales en métropole, le tahitien est appris en primaire et dans le secondaire. 70 % des Polynésiens parlent aujourd'hui leur langue maternelle et le français. Et la plupart maîtrisent très bien l'anglais.

LAVATUBE

Curiosités incontournables de Tahiti, les lavatubes d'Hitiaa (PK 39, côte est) sont à explorer avec un guide averti. Ces étonnants couloirs formés dans la roche par le refroidissement brutal de la lave mesurent 10 à 15 mètres de diamètre et se prolongent sur plusieurs centaines de mètres (*Voir Volcan*). Situées à près de 700 mètres d'altitude, les galeries font la joie des randonneurs. Lampe frontale oblige : c'est l'obscurité totale à l'intérieur. Il est indispensable de ne pas craindre le vide et d'être en forme physiquement pour s'engager dans ces labyrinthes. Car il faudra ramper, grimper (passage avec corde), nager... La randonnée des trois lavatubes et le passage de multiples bassins et cascades prend rapidement des allures de canyoning. C'est aussi l'émerveillement assuré avec la découverte de leur paroi d'or, un effet dû à l'imprégnation d'une microalgue dorée.

LOI DES 24 HEURES

À quelques kilomètres de Moorea, Maiao est une île isolée, une île interdite parce que ses habitants l'ont décidé. Deux lacs volcaniques intérieurs, une immense cocoteraie, une plage, mais pas d'aérodrome ni d'hôtel : depuis les années 1930, une loi locale interdit le passage des étrangers plus de 24 heures. À l'origine, un Britannique, un peu roublard, s'y est installé dans les années 1920 pour y ouvrir un magasin d'alimentation et d'objets en tout genre : face à la nouveauté, les habitants de l'île y ont multiplié les achats et... les crédits, faute de liquidités. Venant à recouvrir ses créances, l'homme peu scrupuleux s'est saisi de leur terre, jusqu'à devenir propriétaire de 80 % de Maiao. L'État s'en est mêlé, a soldé la dette, tout en s'appropriant les terres. Pour ne pas perdre leur île, les habitants ont ainsi dû rembourser l'État. D'où cette loi des 24 heures. Les 300 habitants d'aujourd'hui ne disposent pas d'argent, ils troquent le coprah* ou les palmes tressées de pandanus*, destinées aux hôtels de Bora Bora et Moorea. Leur isolement est rompu tous les trois mois par le passage d'un docteur et d'un dentiste.

M

MA'A TAHITI

C'est le repas traditionnel tahitien: le *ma'a Tahiti* est un menu très complet qui débute le plus souvent par du poisson cru (mariné dans du jus de citron) servi avec du lait de coco*. Ensuite, *taro*, *uru*, épinard *fafa*, banane* *fe'i* et/ou patate douce sont les végétaux les plus utilisés pour accompagner l'animal à déguster (cochon, poisson, poulet). Et pour ceux dont l'estomac crierait encore famine (il faut s'inquiéter...), ils se serviront du *poe banane* en dessert. *Tama'a maitai!* («Bon appétit!») Le *ma'a Tahiti* est aujourd'hui un repas du dimanche ou de fête. Le territoire n'échappe pas à la malbouffe, et la consommation de pizzas, burgers, sucreries et aliments qui se grignotent est en hausse depuis une trentaine d'années. Urbanisation, contraintes économiques... les légumes ont progressivement été remplacés par le pain et le riz.

MA'A TINITO

La cuisine chinoise de Tahiti n'a presque rien à voir avec la cuisine chinoise de Chine. Moins épicée, elle a souvent été imaginée par des Polynésiens d'origine chinoise et ne se retrouve nulle part ailleurs. Tous les habitants du territoire en raffolent. Le *ma'a tinito* est en vente partout, même dans la rue. C'est un repas servi avec des haricots rouges, du porc, des macaronis, du *pota* (blettes), du riz et de la sauce soja. Après le poisson cru au lait de coco typiquement polynésien, le délicieux *chao men* est l'un des plats les plus populaires : il s'agit de fines pâtes longues et jaunes, sautées aux crevettes, poulet et légumes. Il existe aussi la fondue chinoise (ou *tapenlou Tahiti*) : chaque convive dispose d'une « épuisette » qu'il plonge dans un bain bouillonnant, après l'avoir remplie de poulet, viande, poisson et légumes. Les Polynésiens adorent aussi les nems, bouchons au porc, les *cho pou* (pain à la viande)... ils peuvent en manger à tous les repas, même au petit-déjeuner !

MAEVA

Comme dans les films. L'accueil des Polynésiens n'est pas qu'une légende. Même quand personne ne vous attend à l'aéroport international de Tahiti Faaa, vous avez ce curieux sentiment d'être « reçu » par des proches. C'est cela l'accueil polynésien : que vous soyez *feti'i* (parents), amis ou simples voyageurs, on vous donnera une fleur ou un collier de fleurs. *Maeva*, *Manava* (« Bienvenue »), *Ia ora na* (« Que tu vives », expression employée pour dire bonjour) sont les mots pour accueillir, au son de l'ukulélé*. Une véritable fête, animée par un orchestre polynésien, est organisée à chaque arrivée. Les sourires, la chaleur des Polynésiens sont saisissants. C'est le premier contact, la première émotion, un souvenir à part.

MAHI MAHI

Surnommé le poisson caméléon, le *mahi mahi* (qui signifie « fort fort ») est une dorade coryphène. Coloré de mille reflets, il peut changer radicalement de couleurs en très peu de temps. C'est le plus pêché en Polynésie française, pour sa chair tendre et parfumée (et c'est un poisson maigre) : le *mahi mahi* sauce vanille figure, avec le poisson cru au lait de coco, sur toutes les cartes des restaurants. Ce poisson, qui vit loin des côtes et se déplace en surface comme un dauphin, peut atteindre jusqu'à deux mètres et peser 40 kg. Pour l'attraper, les Polynésiens utilisent le *poti marara**, particulièrement maniable et rapide, car le gros poisson (qui semble casqué pour le mâle) est un coriace et ne se laisse pas prendre facilement.

MA'OHI

La Polynésie française n'est pas la Polynésie. La Polynésie, qui signifie « îles nombreuses », rassemble les îles du triangle polynésien formé par Hawaï, l'île de Pâques et la Nouvelle-Zélande. Au milieu de ce triangle, se tient la Polynésie française. Il y a 3000 ans, des pêcheurs (*Voir Va'a*) venus du Sud-Est asiatique débarquaient aux îles Tonga puis, environ 1500 ans plus tard, aux îles Marquises ; ils migrèrent ensuite vers Tahiti et les trois sommets du triangle, créant ainsi la Polynésie. Le terme *ma'ohi* désigne les Polynésiens restés dans les archipels* devenus plus tard français (les Maoris, ceux de la Nouvelle-Zélande). Plus largement, *ma'ohi* relève de ce qui est indigène, lié à la terre. Les Polynésiens (français) qualifient de *ma'ohi* non seulement leurs ancêtres, mais aussi leur culture. L'indépendantiste Oscar Temaru*, élu cinq fois président de la Polynésie française entre 2004 et 2013, se présentait à l'étranger et sur le territoire comme le président « Ma'ohi Nui » (*nui* signifiant grand), et c'est au peuple *ma'ohi* qu'il s'adressait dans ses discours.

MAIRE

L'un des emblèmes du territoire. *Maire* (prononcez « ma-ï-ré ») est une fougère dont les frondes sont utilisées pour former les fameuses couronnes, parsemées de fleurs, et portées le plus souvent lors de rassemblements, de fêtes et de rencontres sportives, par les femmes et les hommes. La fougère dégage un parfum auquel les Polynésiens prêtent un fort pouvoir de séduction. Elle était autrefois utilisée pour embaumer le corps des morts et les protéger des microbes. Maire est aussi un prénom féminin tahitien.

MANA

Le *mana*, comme le tabou*, est un terme qui s'est fait connaître en Europe par l'explorateur James Cook, à la fin du XVIIIe siècle. Difficile de le traduire: c'est une force mystérieuse, une puissance – (sur)naturelle – dont peuvent être investis les personnes ou les objets. Les *tahua* (les prêtres d'antan et les guérisseurs actuels dans la médecine traditionnelle polynésienne) sont détenteurs, dit-on, du *mana*, tout comme les *tiki**. Mais le *mana* peut être bon ou mauvais: « j'ai le mauvais *mana* en ce moment » signifie que vous multipliez les infortunes, à l'inverse votre sort est entre de bonnes mains quand tout va bien. Le bon *mana* peut aussi provenir de pierres au toucher apaisant. Les jeux vidéo l'ont repris et traduit par l'énergie émanant d'une personne: le *mana* est quantifié en fonction de sa réussite ou de ses échecs aux épreuves.

MANIOC

Au départ était le *pia* ou *arrow-root* tahitien (*Tacca*

leontopetaloides). Les Polynésiens utilisaient cette plante pour obtenir de l'amidon et préparer des desserts comme le *poe banane* (*Voir Banane*). À partir de 1850, avec l'introduction du manioc sur le territoire, il a progressivement disparu de la cuisine. Originaire d'Amérique du Sud, le manioc a l'avantage de pousser un peu partout, son rendement est élevé et ses racines comestibles (ce qui n'est pas le cas du *pia*). Utilisé dans la préparation du *taota*, un gâteau sucré qui accompagne viande ou poisson, il est associé à de la coco râpée par les Paumotu (habitants des Tuamotu) pour en faire du pain. Le manioc est depuis une dizaine d'années à son tour remplacé par un substitut plus pratique, mais aussi plus cher et de moins bonne qualité : l'amidon importé.

MAPE

« Vente de *mape* chaud » : parmi les chapelets de poissons et les morceaux de mangue, le fruit cuit du châtaignier tahitien, ou *mape*, est couramment proposé sur les bords de route par les Polynésiens qui le mangent comme un bonbon. Son goût délicieux ressemble à celui de la châtaigne. C'est à l'état naturel une amande contenue dans une sorte de drupe qui, du vert, vire à l'orange. Mais ce n'est pas ce qui saute aux yeux quand on découvre l'arbre. Pouvant mesurer jusqu'à 30 mètres de haut, il est aussi impressionnant et majestueux que le banian*. Le *mape* ne peut mentir sur son âge. Son tronc jeune est lisse. À l'âge de 8 ans, commencent à jaillir, à sa base, de curieuses protubérances qui poussent droites ou ondulantes. Très vieux, il est recouvert de bosses et d'excroissances. Sa sève, jusque-là blanche, devient rouge sang. Le *mape* pousse au milieu des siens, au fond des vallées, à proximité des cours d'eau. Il fut naguère décisif dans la communication entre Polynésiens qui s'alertaient, notamment pour la chasse, en frappant les surfaces planes des protubérances de son tronc, avec une pierre. Autrefois utilisé pour fabriquer du charbon de bois, il reste, via le suc de ses fruits, un excellent remède contre la piqûre du poisson pierre*.

MARAAMU

Aussi connu et chanté que le mistral en métropole, le *maraamu* est un vent du Sud-Est soufflant durant la saison sèche et fraîche, de mai à septembre. Recherché par les adeptes de kitesurf*, kayak, surf*, *va'a** ou Windsurf, le *maraamu* fait glisser sur les vagues, il peut aussi les rendre impraticables et « démonter » un lagon plusieurs jours d'affilée : « les coups de Maraamu » de 45 km/h en moyenne peuvent monter jusqu'à 100 km/h. Mais si ce vent est frais, il ne fait jamais froid en Polynésie française : « une petite laine » sera tout au plus supportable le soir ou le matin quand, très rarement, la température descendra à 21°C à cause du *maraamu*. Il n'empêchera pas non plus la baignade : l'eau du lagon reste à 26°C...

MARAE (OU MEAE)

Raiatea est considérée comme le noyau de la Polynésie (*Voir Ma'ohi*). Appelée à l'origine Havai'i, l'île fut le point de départ des migrations des Polynésiens qui s'y regroupèrent. Elle est l'île sacrée, la terre d'origine ou encore le centre religieux et culturel de la Polynésie. C'est donc à Raiatea, dans la commune d'Opoa, que l'on trouve le plus grand temple de la religion des ancêtres : le Marae Taputapuatea. Le père des *marae* est inscrit depuis 2017 sur la liste du patrimoine mondial de l'Unesco. Ces anciens lieux de culte (appelés *meae* aux Marquises) existent partout sur le territoire. Concrètement, ce sont des esplanades dallées, à l'air libre, sur lesquelles on trouve en général un autel (*ahu*), des pierres dressées et, à proximité, des *fare* (maisons), dont celui qui accueille le corps des morts, le *fare tupapa'u*, et celui du prêtre, le *fare tahua*. Entourés d'arbres sacrés comme le banian* et le *aito**, sous l'œil des *tiki**, ces sites étaient naguère le lieu de grandes cérémonies religieuses et politiques. Des sacrifices d'animaux ou d'humains s'y déroulaient. Tous ont été abandonnés avec l'arrivée des missionnaires chrétiens, la plupart ont été détruits et la religion des ancêtres qui croyaient en plusieurs dieux s'éteignit. Les légendes content encore leur histoire, dont celle de Ta'aroa, le dieu créateur. Le *mana**, les tabous*, les *tupapa'u** sont des mots du quotidien à Tahiti. « Ne grimpe jamais sur un *marae*, ça porte malheur », dit l'adage. Des reconstitutions de cérémonies traditionnelles sont organisées régulièrement au Marae Arahurahu de Paea (côte ouest de Tahiti, PK 22,4).

MARCHÉ

C'est un lieu emblématique de la capitale auquel il ressemble cependant très peu. Le marché couvert de Papeete offre un univers et un rythme à part, au sein de la ville. Des *mama* fabriquent des couronnes de fleurs, d'autres tressent des chapeaux et des sacs qui seront vendus avec les flacons de monoï* et les colliers de coquillages. C'est l'occasion rêvée de découvrir un volet de la culture polynésienne à travers ses fruits, ses légumes et ses herbes, de Tahiti ou d'îles lointaines (*Voir Grenier*). C'est le moment de s'étonner face aux mille couleurs et formes des poissons. Le marché de Papeete a la particularité de ne pas disposer de balance : tout est proposé à prix fixe, sauf le fameux *Pua'a rôti* (cochon rôti) qui, découpé en morceaux, se paie au poids. Lait coco, pain coco, *fafaru*, *firifiri*, plats chinois etc., on trouve de tout sur les étals. Les *pareo**, bijoux et *tiki** occupent l'étage, aux côtés des tatoueurs. Ouvert tous les jours de 4 à 18 heures (le lundi, à 5 heures), le marché fait la fête le dimanche, journée où il rassemble le plus de monde. Attention, pas de grasse matinée* : il est alors ouvert de 3 à 9 heures du matin !

MARÉE

Il existe des marées à Tahiti, mais on ne les voit pas. Le marnage (l'écart entre la marée haute et la marée basse) est de moins d'une dizaine de centimètres. Il peut arriver que le platier du récif apparaisse un peu plus découvert, que les coraux affleurent davantage et que les pêcheurs à pied s'aventurent un peu plus loin : alors, on peut dire que c'est probablement marée basse. Mais il faut avoir l'œil. En pratique, la marée est haute en milieu de journée et de nuit, basse le matin et le soir. Un phénomène unique, dû à la position du territoire sur le globe qui réduirait les effets de la lune, en cause avec le soleil dans le phénomène des marées. Aux Tuamotu et aux Gambier, la variation est plus grande. Mais c'est aux îles Marquises que les différences d'amplitude sont les plus marquées avec un écart de 80 centimètres en moyenne.

MARGOUILLAT

Son cri peut surprendre autant que le chant des cigales étonne la première fois. C'est comme une sorte de petit claquement de langue, parfaitement audible, qui se répète régulièrement. Le margouillat (ou gecko) est un lézard très connu à Tahiti, car il occupe toutes les maisons. Il dérange un peu au départ, d'autant qu'il aime les sprints, l'escalade, s'accrocher d'une seule patte au plafond... Ses pattes ventouses aux quatre drôles de doigts lui permettent de réaliser tous ces exploits jusqu'à la maladresse, fatale, et à sa chute à vos pieds ou sur votre épaule. Il est pourtant difficile de ne pas s'en enticher. Car s'il fait de tous les endroits sombres et inaccessibles sa couchette en journée, il est de toutes les soirées: il sort quand les lumières s'allument pour chasser les moustiques, les blattes et les éphémères. Une aubaine. Fermez les yeux, vous passerez une meilleure soirée et dormirez mieux avec un margouillat dans la pièce.

MARIAGES

C'est une demande qui revient souvent: les touristes de nationalité française ou étrangère ont la possibilité de se marier civilement en Polynésie française. Outre la constitution du dossier classique, les couples français doivent séjourner au moins un mois sur le territoire pour prétendre à un certificat de résidence, indispensable pour s'unir. Cela n'est pas le cas des étrangers qui n'ont qu'à transmettre leur dossier au minimum un mois et dix jours avant la date prévue du mariage, sans l'obligation d'y résider. Autre mariage possible, mais sans valeur légale: la plupart des grands hôtels proposent une cérémonie de mariage traditionnel. En *pareo** et couverts de fleurs, sur une plage de sable blanc, entourés de musiciens et de danseurs, au son des ukulélés*, des tambours et du *pu* (le coquillage utilisé comme un instrument à vent), les époux pourront ainsi renouveler leurs vœux. Indispensable à savoir: «je t'aime» se dit *'ua here au ia'oe* en tahitien!

MELVILLE, HERMAN

Herman Melville est le premier à avoir écrit sur les îles du Pacifique Sud. Seuls les navigateurs et les missionnaires s'y étaient prêtés auparavant. Dans *Taïpi*, sorti en 1846, il s'est inspiré de son séjour à Nuku Hiva (aux Marquises), commencé en juillet 1842 à la suite de son évasion du baleinier la *Dolly*, ancré alors dans la baie de Taiohae, l'un des villages de l'île. Lassé des campagnes de pêche à la baleine et de l'autorité de son capitaine, il s'échappe du bateau avec son ami Toby, et s'enfonce dans l'intérieur de l'île. Les deux Américains y découvrent alors la tribu des Taïpi, célèbre pour son cannibalisme, mais avec qui ils vont vivre des moments très paisibles. Leur doute quant à la férocité du clan persistera néanmoins tout au long de leur séjour. Après quelques semaines, ils finiront ainsi par prendre la fuite pour rejoindre un autre baleinier mouillant dans la baie de Taiohae. Melville débarque à Tahiti le 21 septembre 1842, à bord du bateau australien *Lucy Ann*. À la suite d'une mutinerie à laquelle il participe, il est immédiatement conduit en prison. Il s'en échappera et passera plusieurs semaines sur l'île de Moorea, avant de rejoindre les États-Unis. En son hommage, une stèle a été érigée près du cimetière de Paahatea, à Nuku Hiva.

En 1847, il publie le roman *Omoo*, qui signifie «vagabond» en marquisien et qui relate ses pérégrinations entre l'île de Tahiti et celle de Moorea, jadis appelée Eimeo – c'est ainsi que Melville la nomme. Le romancier est décédé à New York, en 1891, à l'âge de 72 ans. Son succès est *post mortem*: Herman Melville est redécouvert en 1920 grâce à son œuvre majeure, *Moby Dick*.

MICONIA

Les Polynésiens l'appellent le «cancer vert»: cette plante envahissante qui occupe désormais les deux tiers de Tahiti, menace directement 70 plantes endémiques. Le *Miconia calvescens* a été introduit en 1937, à Papeari (côte ouest de Tahiti), par l'Américain Harrison Smith, dans son jardin botanique privé. Le site, paradoxalement, est très réputé pour ses autres fleurs et cultures, et a fait l'objet de plusieurs demandes d'inscription en domaine protégé. En vain. Le «fantôme» du Miconia? La plante ornementale, appelée encore la peste végétale, continue en effet de son côté à sévir: elle a atteint les îles de Moorea, Raiatea, Tahaa et plus récemment l'archipel des Marquises. Des campagnes d'arrachage sont organisées chaque année pour tenter de l'éradiquer.

MIROIR

«Dans ces îles où la solitude est totale, j'ai trouvé une sorte de paix», disait Jacques Brel qui vécut trois ans à Atuona, commune principale de Hiva Oa (Marquises). Cela n'est pas le cas de tout le monde. Si nombre de personnes rêvent d'une île dont elles se feraient le Robinson, l'insularité, sa finitude et la solitude sont parfois difficiles à appréhender sur ces petits bouts de terre, séparés de tout, au milieu de l'océan Pacifique. Le défi, source de quelques tourments, est certes une affaire très personnelle, à régler le plus souvent seul, mais voici ce qu'en disait le sage et charismatique Lucien Kimetete, ancien maire de Nuku Hiva (aux Marquises), décédé en 2002: « Quand on me pose la question de décrire les Marquises, je réponds toujours que c'est un miroir. Le premier miroir, c'est cet océan, le deuxième miroir, c'est la solitude: on ne peut pas se mentir à soi-même aux Marquises. » Une formule qui sied à toutes les îles si isolées de la Polynésie française.

MISS

Pas de second degré possible sur le sujet, les concours de beauté sont une institution en Polynésie française: les Miss y sont aussi nombreuses que le territoire compte d'îles, de communes, de communautés... Chaque année, sont ainsi élues Miss Papeete, Miss Dragon (pour la communauté chinoise), Miss Bora Bora, Miss Heiva (pour les représentantes de la tradition polynésienne), Miss Vahinetane (« femme-homme » en langue tahitienne, un concours pour les travestis homosexuels, les *rae rae**)... Et la plupart ont leur version au masculin ! Le plus prestigieux des concours est celui de Miss Tahiti qui, retransmis à la télévision, se déroule à la mairie de Papeete. Initié en 1960, l'événement est suivi par tous les Polynésiens qui se mobilisent massivement derrière leur candidate, jusqu'au concours ultime de Miss France. Cinq ont déjà remporté ce titre: Edna Tepava (1974), Thilda Fuller (1980), Mareva George (1991), Mareva Galanter (1999) et Vaimalama Chavez (2019).

MONETTE

C'est la fleur de tous les noms: la monette, baptisée *piti* en tahitien, est aussi surnommée la liane à lait. De son nom scientifique *Allamanda cathartica*, elle est, dans tous les cas, la liane la plus fréquente dans les jardins polynésiens. Elle porte de magnifiques fleurs jaunes (mauves ou beiges). Mais la belle se laisse rarement approcher : elle produit un latex toxique qui peut provoquer des réactions cutanées ou des vomissements en cas d'ingestion. Monette, comme la plupart des noms de fleurs en Polynésie, est un prénom féminin.

MONOÏ

L'huile de monoï n'est pas un produit solaire, elle ne protège pas des rayons ultraviolets. La méprise est coriace, puisqu'elle perdure depuis des années. C'est un soin hydratant parfumé qui sert à nourrir la peau et les cheveux des femmes, des hommes et aussi des enfants, pas seulement avant ou après la plage. Fabriquée à base de fleurs de *tiare** et d'huile de coprah*, elle est aussi utilisée pour soulager les « bobos », comme disent les Polynésiens, et prévenir des piqûres de moustiques. Le monoï de Tahiti bénéficie d'une appellation d'origine qui figure sur les bouteilles. Surtout, pas de panique, si votre monoï se fige dans son flacon – un classique lors du retour en avion –, il suffit de passer le flacon sous l'eau chaude pour qu'il retrouve son apparence et ses qualités. Pour en savoir plus, la route du monoï, à faire seul ou avec un guide, en voiture, permet en 22 étapes autour de Tahiti de découvrir sa fabrication et ses utilisations. Il est même possible de réaliser sa propre huile et de repartir avec. Vous apprendrez aussi que, contrairement à l'argumentaire publicitaire d'une célèbre marque de lessive, la fleur de monoï n'existe pas !

MONTÉE DES EAUX

Les risques liés à la montée des eaux sont particulièrement élevés en Polynésie française du fait de la faible élévation des îles. Ce phénomène est de l'ordre d'un peu plus de 3 millimètres par an, et s'est encore accentué ces dernières années. Les scientifiques tablent sur plus ou moins un mètre à la fin du siècle. L'atoll de Rangiroa, aux Tuamotu, est aujourd'hui à 80 centimètres de la catastrophe. Et c'est Puka Puka, entièrement dévasté par un cyclone en 1996 et par des inondations en 2011, qui pourrait être le premier atoll touché. Disparition des îles, salinisation des sols, infiltration des nappes souterraines… les menaces sont nombreuses.

La France possède le deuxième plus grand domaine maritime de la planète, juste derrière les États-Unis, grâce aux eaux polynésiennes qui le constituent pour l'essentiel.

MOTU

« Nulle part ailleurs ! », s'est exclamé Paul-Émile Victor en arrivant à Bora Bora. À 70 ans, l'explorateur décide de s'y installer avec sa famille, pour écrire ses mémoires. Il y recevra de nombreuses personnalités de 1977 jusqu'à sa mort, en 1995. L'ethnologue avait choisi de s'établir sur le *motu* Tane, ou « îlot de l'homme », un petit paradis revendu depuis par la famille. Les fameux *motu* de la Polynésie française sont très convoités mais assez nombreux pour contenter tout le monde : ce sont de toutes petites îles, des oasis, parfois privées, souvent désertes, disséminées sur la barrière de corail, et lieu d'heureuses robinsonnades ou de pique-niques. À Bora Bora, tous les grands hôtels se situent sur des *motu*. D'autres personnalités ont tenté l'expérience : le navigateur Bernard Moitessier s'est fixé en 1971 sur un *motu* à Ahe (Tuamotu), avec sa femme et son fils. Il s'est consacré à l'agriculture biologique et à mener campagne contre le nucléaire* dans le Pacifique.

MOUSTIQUE

Les moustiques piquent mais ne mordent pas comme les *nono**. Ils n'en sont pas moins redoutables. Ces assaillants des îles aiment les peaux neuves et tendres. On les retrouve surtout sur les *motu*. Il est nécessaire d'utiliser des lotions anti-moustiques, de se couvrir de *monoï**, ou encore de ne pas quitter sa chambre climatisée, ce qui serait bien dommage. Dans les maisons et pensions de famille, des tortillons chinois sont utilisés, surtout la nuit et il y a, parfois même, des moustiquaires. Une seule espèce de moustiques est vecteur de la filariose, une infection parasitaire qui n'atteint que ceux qui habitent depuis plusieurs années sur le territoire (il faut y avoir été exposé à plusieurs reprises). Pour lutter contre ce fléau, une campagne de distribution de comprimés a lieu tous les ans, et la grande majorité des habitants s'y soumet. Autre maladie, et non des moindres, véhiculée par les moustiques : la dengue* qui, tel le chikungunya, peut donner lieu à des séquences épidémiques marquantes.

N-O

NONO

Plus agressif qu'un moustique*, ce moucheron suceur de sang peut rendre fou. Il n'est pas visible, on ne l'entend pas et même sa morsure ne se sent pas. Seuls ses effets sont redoutables, même si, pour le moment, les différentes espèces de *nono* vivant sur le territoire ne sont vecteurs d'aucune maladie, contrairement aux moustiques. Une notion qui s'oublie vite tant leur nuisance est parfois insupportable, surtout près des rivières et en bord de mer. Leurs piqûres démangent, les infections liées au grattage entraînent parfois des œdèmes et un inconfort indéniable, mais il suffit aussi de se protéger avec une lotion insecticide, en vente partout, ou de se couvrir le corps d'une bonne couche de monoï. Présent partout en Polynésie française, surtout aux Marquises et aux Tuamotu, le *nono* est parfois un frein au développement économique de secteurs comme l'agriculture, la perliculture et le tourisme. Sa voracité est telle que les anciens lui ont consacré des légendes et des tatouages.

NONO OU NONI

C'est l'autre *nono* célèbre de la Polynésie française. Rien à voir avec le moucheron, si ce n'est au premier abord, une même histoire de désagrément : le fruit mûr du *nono* dégage une odeur qui ferait presque aimer celle d'un vieux boulogne. Les Européens l'ont d'ailleurs baptisé « le fromager ». Le *nono*, ou *Morinda citrifolia*, appelé aussi *noni* aux Marquises, est un petit arbre qui pousse sur toutes les îles polynésiennes. Son fruit est globuleux, vert pâle puis blanc jaunâtre, et recouvert de polygones irréguliers. Malgré tous ses défauts, il possède des vertus médicinales. Aux États-Unis, le jus de *noni* (le terme est préféré à celui de *nono*, doublement négatif), souvent associé à un jus d'orange, est vendu comme un fortifiant naturel, immunostimulant, très apprécié à Hollywood. L'Europe s'y intéresse aussi depuis quelques années. Mais les autorités sanitaires refusent pour le moment de reconnaître l'extrait de *noni* comme un complément alimentaire. De couleur orange, son jus est vendu sur le marché de Papeete dans des bouteilles en plastique, souvent de seconde main – renseignez-vous auprès du vendeur avant de l'acheter. Il est conseillé pour soigner les articulations douloureuses.

NORMANDIE

Ce n'est pas la plage, c'est même l'un des rares endroits de Tahiti à être déserté par les cocotiers. Beaucoup de personnes viennent s'y ressourcer, souvent par nostalgie. L'étrange paysage du plateau de Taravao, sur la presqu'île de Tahiti, rappelle la Normandie. On y voit des vaches paître dans des prairies à pentes douces : des petites vaches rousses, des holstein, des charolaises blanches et des limousines rouges sont élevées ici pour leur lait. Il s'agit de l'unique production locale qui vient modestement concurrencer celle importée massivement de Nouvelle-Zélande. Des eucalyptus, quinquinas, acajous, avocatiers, pamplemoussiers, caféiers, des cultures maraîchères et des fleurs de montagne viennent terminer l'impressionnant décor, avec en outre des vues panoramiques remarquables sur l'océan. Le site est accessible en voiture à partir de Taravao (prendre la route de Tautira).

NUCLÉAIRE

En février 1964, l'assemblée de la Polynésie française cède à l'État l'atoll de Mururoa (ou Moruroa, couramment appelé Muru) et l'atoll de Fangatafau, distants de 45 kilomètres. Inhabités et situés aux Tuamotu à 1250 kilomètres de Tahiti, ils sont choisis pour remplacer le site de Reggane en Algérie, désormais indépendante. Le 2 juillet 1966, éclatent les premières bombes nucléaires aériennes, puis souterraines, à partir de 1975. Après un moratoire pris par François Mitterrand en 1992, Jacques Chirac décide à l'inverse la reprise des essais en 1995. Jusqu'au 27 janvier 1996, 181 essais seront effectués en Polynésie française. Des associations comme Mururoa E Tatou tentent depuis plusieurs années de faire valoir la responsabilité de l'État quant aux impacts nucléaires sur la population. L'INSERM a confirmé un nombre accru de cancers de la thyroïde. Mais, malgré la loi Morin du 5 janvier 2010, sur la reconnaissance et l'indemnisation des essais nucléaires français, très peu de cas ont été jugés recevables – révisée en 2017 en vue d'indemniser un plus grand nombre de victimes, elle a été de nouveau restreinte en 2019. En parallèle, l'État français s'est engagé en 1996 à maintenir pendant dix ans le niveau des flux financiers liés à l'activité du CEP (Centre d'Expérimentation nucléaire du Pacifique) qui, basé sur les deux atolls, à Tahiti et Hao (Tuamotu), a apporté beaucoup d'argent durant toutes ces années et beaucoup d'emplois. Un Fonds pour la reconversion de la Polynésie française mis en place a depuis été pérennisé (*Voir Dette nucléaire*). Mururoa, qui signifie le « grand secret » en langue mangarévienne, a également subi des dégâts géomorphologiques : les essais auraient notamment causé une déstabilisation de ses flancs. L'atoll fait l'objet d'un suivi par le Commissariat à l'Énergie atomique. Son système de surveillance géothermique a fait l'objet de travaux de rénovation, de 2013 à 2018, afin de continuer à pouvoir observer les mouvements de son sol. Le risque étant celui d'un effondrement des roches et d'un tsunami.

OBÉSITÉ

34 % des enfants polynésiens âgés de 5 à 14 ans sont obèses. C'est 14 % de plus qu'aux États-Unis. D'une façon générale, 40,4 % de la population est obèse en Polynésie française. À titre de comparaison, ce taux est de 11 % dans l'Hexagone et de 30 % aux États-Unis où l'obésité est vue comme un problème majeur de santé publique. Plusieurs raisons expliquent ce phénomène très alarmant. D'abord, il faut savoir que bien manger à Tahiti, c'est manger beaucoup. Le sucre et les graisses ne sont pas diabolisés comme en Europe. Et être corpulent, c'est être « balèze », imposant. La mutation des pratiques alimentaires au bénéfice de produits importés, comme les conserves, les viandes surgelées... explique aussi la progression du fléau, ainsi que le manque d'activité physique. Comme partout, les catégories sociales les moins aisées sont les plus touchées. Et les conséquences sanitaires sont terribles : 10 % de la population est diabétique. Malgré plusieurs campagnes de prévention, la prise de conscience des Polynésiens est très lente, à l'instar de leurs voisins. En

Nouvelle-Calédonie, 26,5 % de la population est obèse, à Wallis et Futuna, 59,2 % de la population est en surpoids. Le triste record mondial est détenu par l'île de Nauru où 94,5 % de la population est obèse.

OISEAU DE PARADIS

Ce n'est pas un animal mais une magnifique fleur qui ressemble à la tête d'un oiseau. *Strelitzia reginae* (souvent appelée par erreur *Heliconia*, *Voir Queue de poisson*) porte des plumes (en réalité des sépales) orange, une « langue » violette contenue dans ce qui ressemble à un bec vert. À Tahiti, la fleur-oiseau est très prisée, elle est recherchée pour composer les bouquets, vendus au marché de Papeete.

ORAL

La culture polynésienne est dite de tradition orale. Les mythes consacrés aux dieux*, les prières, les paroles étaient uniquement transmises par oral, ce qui réclamait à la fois une très grande écoute et une très grande mémoire. Les missionnaires protestants imposèrent l'écrit à leur arrivée en 1797 : les Anglais Henry Nott (1774-1844), un maçon, et John Davies (1772-1855), un épicier gallois, mirent au point un système de notation alphabétique, à partir de 5 voyelles et 9 consonnes. Il leur fallut plus de trente ans pour traduire le premier livre en langue tahitienne : la Bible. Sa traduction s'achève en 1835. Henry Nott présente, le 8 juin 1838, la première édition à la reine Victoria. Deux ans plus tard, les 3000 premiers exemplaires de la Bible complète, en tahitien, imprimés à Londres, sont acheminés à Tahiti. Les Polynésiens vont alors apprendre à lire et à écrire à partir de cet ouvrage. Le roi Pomare II (1774-1821) fut l'un des tout premiers à appréhender l'écriture. Il aida à la rédaction de la Bible en tahitien, mais il rédigea aussi le Code Pomare (1819), imposant de nouvelles lois à tout son royaume et introduisant des sanctions en cas d'infractions, de la pendaison aux amendes en passant par les travaux forcés. Le texte interdit le tatouage et le port de couronnes de fleurs. Il évolue considérablement en 1842 en rendant hors-la-loi les danses et les chants traditionnels, tout comme les mariages entre Tahitiens et étrangers afin d'éviter que ces derniers ne s'emparent des terres polynésiennes. Cette loi fut abrogée trois ans plus tard. Le Code Pomare n'est plus en vigueur aujourd'hui.

Les Polynésiens sont partagés autour de l'avènement de l'écriture : l'auteure, chercheuse et membre de l'Académie tahitienne créée en 1972, Flora Devatine estime que l'écriture diminue la responsabilité de celui qui écrit, et est l'une des causes de la perte de la tradition orale polynésienne. Elle est aussi, malgré tout, le seul moyen aujourd'hui de la conserver, évoque-t-elle encore dans son livre *Tergiversations et rêveries de l'écriture orale : Te Pahu a Hono'ura*, publié en 1998 aux éditions Au vent des îles – Hono'ura est un personnage de la mythologie polynésienne, *te pahu* est son « tambour ».

ORANGE (BOSSE DE L')

Un mal curieux semble frapper certains Polynésiens : plusieurs ont à la base de la nuque une sorte de grosse boule de graisse. Il n'est pas rare de croiser ces étonnantes personnes qui ont aussi pour particularité d'être robustes. Il s'agit en réalité de porteurs d'oranges, et la boule que l'on voit est appelée la « bosse de l'orange ». Le fruit pousse dans la vallée de la Punaruu, à Punaauia (Tahiti). Des hommes gravissent la montagne chaque année, en juin, pour atteindre les fameux plateaux qui en regorgent. Une rude épreuve, avant celle aussi spectaculaire de la cueillette : les fruits sont décrochés à la main ou à l'aide d'un bâton. Il faut ensuite redescendre les kilos d'orange placés aux deux extrémités d'un bambou que le porteur fait rouler sur sa nuque. La bosse apparaît au bout de quelques années ; on dit qu'elle protège les cervicales du porteur. La cueillette annuelle des oranges est l'occasion d'une grande fête à Punaauia fin juin, en hommage au guerrier Puna qui donne son nom à la commune.

ORIENTATION

Il y a peu de routes à Tahiti, mais il est très facile de se perdre. Faute d'adresses géographiques précises, le courrier est envoyé à des boîtes postales. Chaque famille possède ainsi son numéro de BP dans une commune qui peut être différente de celle où elle réside. Concernant l'adresse géographique, il est quand même possible de tenter de s'orienter avec quelques points de repère comme le point kilométrique (*Voir PK*), de se faire préciser si c'est « côte est » ou « côte ouest », « côté montagne » (*a uta*) ou « côté mer » (*a tatahi*), le nom de la servitude (allée, passage), du commerce, de la marina ou de l'hôtel à proximité... Le plus sûr étant encore de demander son chemin.

P

PA'I

L'interjection (prononcée « paï », contraction de *paha ho'i*) est très utilisée. Elle marque l'insistance, donne de l'intensité au propos, certains la traduisent par « vraiment », « certainement » ; parfois elle s'emploie juste par habitude et ponctue toutes les phrases. « C'est bon *pa'i* ! », « Dépêche-toi *pa'i* ». À utiliser sans modération. *Pai* est aussi un délicieux chausson fourré à l'ananas, à la coco ou à la banane.

PAINAPO

Plusieurs mots de la langue tahitienne tirent leur origine de l'anglais. C'est le cas de *tiurei* (*july*, juillet), *moni* (*money*, argent) et *painapo* (*pinapple*, ananas). La plante la plus cultivée de la Polynésie française est consommée sur l'ensemble du territoire. On la retrouve surtout à Moorea, l'île sœur de Tahiti, où elle a été introduite par le capitaine Bligh, commandant de la *Bounty*. Exploité sur plusieurs hectares le long de « la route des ananas » qui part du mont Rotui, le fruit est transformé sur place en jus, en confiture, en chutney et en alcool sous la forme de blanc sec. Les Polynésiens le consomment aussi en compote, dans le *pai* (chausson fourré), avec du riz, de la viande ou encore de la poudre rouge (bonbon chinois). L'ananas est également une des essences qui constitue le *kumu hei*, un petit bouquet parfumé que les Marquisiennes fixent dans leurs cheveux pour attirer leur prétendant.

PAKA

C'est la bête noire des autorités. La marijuana locale, appelée *paka*, est une contraction de *pakalolo* qui signifie « brûle cerveau », ou le tabac qui rend fou. Importé à Tahiti dans les années 1970 par les surfeurs hawaïens, il est cultivé dans des zones très difficiles d'accès, repérables uniquement par hélicoptère. Des plants sont aussi régulièrement retrouvés dans le jardin de particuliers par la gendarmerie qui tente, tant bien que mal, de lutter contre une activité en constante expansion.

PANDANUS

Aucun arbre n'est aussi surprenant : le pandanus (*fara*), c'est l'arbre qui marche. En cause, ses grandes racines échasses apparentes, appelées par les Polynésiens *ure fara* qui signifie « sexe de pandanus », du fait de leur ressemblance avec l'organe sexuel masculin. Pouvant mesurer jusqu'à 12 mètres, il se distingue aussi par ses énormes fruits de 25 centimètres de diamètre, composés de plusieurs drupes. Vertes, elles deviennent rouges en mûrissant et servent à faire des colliers et des couronnes. Comme le cocotier*, le pandanus est utilisé pour tout. Ses longues feuilles furent longtemps employées pour la toiture des maisons, les *fare**. Aux îles Australes notamment, ses feuilles, une fois séchées puis assouplies, servent à la création de sacs et de magnifiques chapeaux. Les Polynésiennes les portent nus ou parés de couronnes de fleurs, pour se rendre à l'office du dimanche.

PAREO

Les chemises à fleurs sont hawaïennes, mais les *pareo* sont tahitiens! Le mot est lui aussi tahitien (on dit «pareu» ou «pareo»), et il est l'un des rares à avoir conquis le monde entier. Emblématique, le *pareo* est surtout très utile. Tout le monde en possède au moins un. Jupe, robe, maillot de bain, étole, drap de bain, couvre-lit etc., il remplace tout, à condition de s'y connaître un peu. De nombreux livres sont consacrés à son mode d'emploi, des spectacles aussi. Car il existe mille et une façons de le nouer, sans jamais utiliser de lien. Le tissu tient avec des nœuds, au-dessus de la poitrine, dans le cou, sur l'épaule, dans le dos, il peut évoluer et habiller du matin jusqu'au soir. Tous les éléments de la vie polynésienne sont représentés sur cette étoffe (fleur d'hibiscus, Tiaré Tahiti, tatouage marquisien, poisson, montagne, lagon, carte des îles et des atolls...). Il est porté aussi bien par les femmes que par les hommes qui l'enroulent tel un short moulant, pour aller nager. C'est Paul Gauguin qui le fit découvrir en Europe à travers ses peintures. Il a depuis beaucoup évolué. À l'origine, le *pareo* était fabriqué à partir d'écorces d'arbre battues et était appelé *tapa**. Quand le tissage fut introduit par les Européens, il prit le nom de *pareu*, puis de *pareo*. Les motifs étaient naguère imprimés à la main, via des blocs de bois sculptés. Il fut longtemps interdit par les missionnaires. Aujourd'hui, ils sont nombreux à border les routes le week-end: tels des étendards, ils signalent que la bringue* se tient à cet endroit.

PASSE

C'est une sorte de porte dans la barrière de corail, un

accès pour les bateaux, mais aussi pour les poissons: la passe est un sas vital entre l'océan et le lagon. Elle concentre toute la vie marine alentour: le courant qui y rentre et qui en sort transporte les nutriments qui vont servir autant au plus minuscule des vers qu'au plus gros des requins. Sur cette zone très courte, les animaux chassent, mangent et s'accouplent. Pleine de vie, la passe est l'endroit privilégié des habitants des atolls dont les villages sont fixés en fonction de leur emplacement. Facile d'accès, elle est aussi le site le plus recherché par les plongeurs. Moorea, l'île aux huit sommets, située en face de Tahiti, en possède douze. La plus grande se situe à Fakarava, aux Tuamotu: elle est large de 1,6 kilomètre.

PENSIONS DE FAMILLE

L'île aux bleus verts, Maupiti, baigne dans son lagon émeraude à seulement 40 kilomètres de Bora Bora. *Motu* déserts bordés de sable blanc, végétation comblée de fleurs et de fruits, de très nombreux *marae**... Aussi belle que sa voisine, Maupiti reste sauvage, rebelle. Les habitants ont dit non en 2004 à l'hôtellerie de luxe. Malgré les promesses d'emplois, les investissements et le développement assuré de l'économie locale, l'île n'a pas voulu changer. Lagon, mer, pêche, culture de pastèques, de melons, récolte du coprah*... Maupiti vit à son rythme, elle n'en est pas plus isolée du reste du monde. Grâce à sa vingtaine de pensions de famille chez l'habitant, elle reçoit régulièrement des visiteurs qui se fondent dans sa population. Y séjourner, c'est vivre un peu comme un Polynésien. Certaines pensions sont confortables, d'autres ont les toilettes et la douche (eau chaude parfois en option) au fond du jardin. Rares sont les télévisions, mais multiples

les initiations au quotidien : la cuisine, la pêche, la découverte de plantes, de fruits, de sites où personne ne va. Les pensions de famille (ainsi sont appelés les hébergements en petite hôtellerie familiale) sont présentes partout en Polynésie française, et l'occasion d'une immersion totale et d'un contact spontané avec les Polynésiens. Attention, même les plus grands Robinson ont besoin d'un temps d'adaptation. Les pensions ne sont pas toutes du même niveau. Ce ne sera pas tant la convivialité qui peut alors faire défaut, mais peut-être la douche après la mer, le lit un peu trop à terre, ou encore le cafard du crépuscule… D'autres sont à juste titre très bien cotées. À tous les prix, elles sont à bien choisir avant de s'y engager.

PERLE (CULTURE)

Certaines sont vendues à plus d'un million d'euros. Pourtant, à l'origine, ce n'est pas la perle qui intéresse les Polynésiens, mais sa nacre, la coquille d'huître qui la contient. Pour les hameçons, les leurres de pêche… La nacre est aussi plébiscitée (après l'arrivée des explorateurs) par les Européens pour en faire des boutons, jusqu'à l'avènement du plastique. Heureusement, la perle connaît un autre destin. Au départ, elle est pur hasard : les plongeurs risquent leur vie, comme dans le film *Tabou* de Friedrich Wilhelm Murnau sorti en 1931, pour aller pêcher, en apnée, les huîtres perlières sauvages, sans garantie de perles. Car les perles naturelles, dites fines, sont conçues par l'huître quand elle est agressée par un grain de sable : elle le recouvre de nacre jusqu'à ce qu'il soit complètement absorbé et isolé. Le grain de sable devient perle – l'animal transforme sa souffrance en joyau (Sigmund Freud s'en inspire pour décrire la formation des symptômes autour d'un événement traumatique). Dans les années 1960, s'appuyant sur la technique avancée des Japonais, un vétérinaire, un journaliste local et une famille de joailliers parisiens créent la première ferme perlière en Polynésie française : un nucléus (petite bille de coquillage) et un greffon (morceau de l'intérieur d'une huître donneuse) sont introduits dans une nacre à maturité, la *Pinctada margaritifera* (environ 5 kg). Après dix-huit mois d'immersion dans le lagon, la nacre produit une perle. Sur l'ensemble des perles récoltées, seule la moitié sera conforme aux normes exigées pour être commercialisée. Une seule sur 100 sera parfaite.

PERLE (MARCHÉ)

En cinquante ans, la Polynésie française est devenue le premier exportateur mondial de perles d'origine marine. Pourtant, après un essor extraordinaire dans les années 1980, qui a permis la fixation des populations dans les îles éloignées de Tahiti, la culture de la perle a connu des heures sombres, du fait de l'étroitesse de son marché et d'une expansion de son activité mal maîtrisée. Grâce à de nouvelles mesures, les autorités tentent aujourd'hui de stabiliser son cours. Sa beauté n'en a jamais été altérée : ton aubergine, gris, vert d'eau, bleu marine, allongée, cerclée, ronde (c'est la perle parfaite), avec une taille pouvant dépasser le centimètre de diamètre (au-delà de 14 millimètres, elles sont exceptionnelles), elle est recherchée par tous les grands stylistes, se vend à Paris, place Vendôme – et dans de nombreux magasins à Papeete ! Ses marchés sont aussi japonais et américains. Il est impossible de définir à l'avance ses critères : la nacre promet toutes les surprises. Privilège des familles royales naguère, la première perle a été créée par Oro, dieu de la guerre et de la fertilité, qui souhaitait offrir la plus belle des merveilles à une princesse de Bora Bora. Selon la légende, il recueillit, pour ce faire, les écailles de tous les poissons du lagon. L'histoire de la perle de Tahiti est à découvrir au musée de la Perle, à Papeete (Tahiti). Des fermes perlières proposent aussi des visites, à Raiatea, à Tahaa, à Bora Bora et aux Tuamotu-Gambier (Ahe, Fakarava, Manihi, Rangiroa...) dont les lagons en fournissent les plus généreuses. Le Polynésien d'origine chinoise, Robert Wan, surnommé « l'Empereur de la perle », en est l'un des leaders sur le marché international.

PERLE DU PACIFIQUE

Une montagne dressée dans un lagon bleu pluriel : Bora Bora, surnommée la Perle du Pacifique, est la plus belle île du monde, estimait l'explorateur Paul-Émile Victor qui en vantait « l'extraordinaire impression d'harmonie ». Des touristes du monde entier viennent passer quelques jours dans ses fameux bungalows sur pilotis*. C'est l'île la plus visitée du territoire, elle ignore cependant, comme le reste de la Polynésie française, le tourisme de masse. La durée du vol, le coût et tout simplement la capacité hôtelière freinent le risque d'une surfréquentation – le territoire accueille quatre fois moins de visiteurs que les Maldives sur une surface quatorze fois plus grande. Si Bora Bora est devenue si célèbre, en plus de ses atours naturels, c'est en partie grâce aux États-Unis. À la suite de l'attaque de Pearl Harbor par les Japonais en février 1942, 5 000 soldats américains débarquèrent sur l'île pour y installer une base de ravitaillement. À la fin de la guerre, les militaires vantèrent, de retour chez eux, l'île paradisiaque, devenue depuis célèbre dans le monde entier. De leur passage, il reste la piste d'aéroport, quelques canons et une génération d'enfants de G.I's.

PHOSPHATE

Pas de lagon, pas d'aérodrome, pas de téléphone... Elle fut pourtant la première à posséder un terrain de basket illuminé le soir : Makatea, seule île haute des Tuamotu, multiplie les disparités. Des 3000 habitants en 1962, il n'en reste aujourd'hui qu'une soixantaine. Celle qu'on surnomme l'« île fantôme » a fait les beaux jours de la Polynésie française durant la première moitié du XXe siècle : grâce à sa mine de phosphate à ciel ouvert, exploitée de 1906 à 1966 par la Compagnie française des phosphates d'Océanie, l'île assura la prospérité du territoire, le gratifiant d'au moins un quart de ses recettes budgétaires. Mais à ses dépens. Si les habitants profitèrent des infrastructures, des commerces et même du cinéma de l'époque, ils ne virent jamais la couleur de l'argent du phosphate. Aujourd'hui, ils n'en ont que les stigmates : des trous à perte de vue. À coups de pioche, seau après seau, un travail de forcenés fut mené ici par des Polynésiens, des Japonais, des Chinois... Du jour au lendemain, l'activité cessa. Aujourd'hui, l'unique lien de Makatea avec l'extérieur est la cabine téléphonique située face à la mairie. Le bonitier* est le seul moyen pour s'y rendre depuis Rangiroa : il faut compter sept heures.

PILOTIS

La Polynésie française les a révélés : les bungalows sur pilotis, nés à Raiatea en 1966, sont l'œuvre de trois aventuriers californiens, surnommés les « Bali hai boys » qui, en quête du mythe des mers du Sud, décident de s'installer en 1961 à Moorea, où ils ouvrent leur premier hôtel. Cinq ans plus tard, forts de leur succès, les trois amis en construisent un deuxième, à Raiatea qu'ils étendent sur le lagon, faute de place sur l'île. Ainsi naissent les fameuses petites maisons sur l'eau, devenues en quelques années l'hébergement hôtelier de luxe le plus convoité, présent dans tous les océans. En Polynésie française, le concept a gagné les autres îles. Plancher de verre, villa présidentielle sur pilotis... il s'est adapté aux exigences les plus insolites et les plus onéreuses : une nuit en bungalow sur pilotis s'élève de 500 à 5 500 euros. Ou la joie d'être bordé par le lagon, même si le bruit du ressac en désespère parfois quelques-uns.

PK

« On est déjà au PK 22,5 ? C'est le Marae d'Arahurahu ?

– Pas encore, ici c'est le PK 19, le Marae Tataa. »

Le point kilométrique (PK) utilisé à Tahiti donne parfois lieu à des conversations ubuesques pour un non averti. En réalité, il faut comprendre que l'unique route de Tahiti qui ceinture l'île est ponctuée de bornes marquant les points kilométriques. Le point de départ, appelé point zéro, est la cathédrale de Papeete. Mais attention, cela se corse, car chaque kilomètre est ainsi comptabilisé en partant vers l'ouest comme vers l'est, jusqu'à la commune de Taravao, qui devient PK 60 par le côté ouest et PK 53 par le côté est (Taravao est aussi le point zéro de la presqu'île). L'un des repères les plus fameux à Tahiti est le PK 18, une plage publique de sable blanc située entre Punaauia et Paea, qui n'a d'autre nom désormais que son point kilométrique. Les PK sont aussi utilisés à Moorea (PK0 à Vaiare), à Raiatea (PK0 à Uturoa) et à Bora Bora (PK0 à Vaitape).

PLACENTA

En Polynésie française, le placenta des nouveau-nés est enterré au pied d'un arbre. Mais si cette tradition se pratique encore, elle est en nette diminution et quelques libertés ont été prises. À l'origine, le placenta était enterré pour sa dangerosité liée à l'impureté de la femme. Aujourd'hui, le geste est devenu positif et symbolise un retour à la terre, une continuité. Le placenta se dit en tahitien *pu fenua* qui signifie « centre-noyau (de) terre ». Les familles avaient pour habitude de l'enterrer au pied d'un arbre fruitier pour marquer la fructification de la vie (et de la terre), la transmission entre les générations. Aujourd'hui, les arbres en fleurs, tels le Tiaré Tahiti ou le bougainvillier sont préférés aux arbres fruitiers. Mais la tradition est plus fortement déstabilisée depuis les années 1980 par une décision sanitaire : dans l'intérêt de la santé de la mère et du nouveau-né, le gouvernement polynésien incite les femmes à accoucher dans les centres urbains. Résultat : 80 % des enfants des cinq archipels* naissent désormais à Papeete. En Polynésie française, on naît ainsi rarement sur son île d'origine (on y meurt aussi de moins en moins) et la coutume liée au placenta, qui part le plus souvent à l'incinération, se perd. Les problèmes de transport et de conservation n'incitent pas les mères qui accouchent seules, isolées des leurs, à le ramener sur leur île. Certaines ne souhaitent tout simplement pas l'enterrer parce qu'elles vivent dans une maison en location, loin de la terre familiale.

PLAGE

Voyageurs et touristes viennent y vérifier leur aptitude au bonheur : les plages polynésiennes fascinent, surprennent, et ont l'avantage d'être nombreuses. Inutile de craindre la marée humaine : même à Tahiti, la plage publique de sable blanc située entre Punaauia et Paea (PK18) ne connaît pas la foule. Les plages de sable blanc à Bora Bora sont remarquables, tout comme celle d'Anaho à Nuku Hiva, aux Marquises. Chaque île, atoll* et *motu** a ses petits coins de paradis. Traditionnellement associées à la pêche, à la culture du coprah* et aux pirogues, les plages sont devenues un loisir pour tous. Celles des hôtels restent surtout fréquentées par les touristes, même s'il suffit d'y consommer un verre pour y avoir accès. Si touristes et résidents métropolitains optent pour le maillot de bain-serviette, les Polynésiens se baignent souvent habillés, avec un short, un *pareo** ou un tee-shirt. Pour connaître la conduite à suivre, il suffit, comme en métropole, d'observer vos voisins. Sur un *motu* désert, inutile de mouiller le maillot. Mais attention, le soleil tape fort sous les Tropiques, mieux vaut ne pas s'exposer entre 10 et 15 heures. Les plages ne sont pas surveillées : gare également au courant sortant des passes et aux rouleaux des vagues en bord de mer. (*Voir aussi Sable noir et Sable rose*).

PLONGÉE

La Polynésie française est la destination incontournable pour les adeptes de plongée sous-marine. Certaines îles figurent dans le top 10 des spots* internationaux les plus plébiscités. Il faut dire que la faune qui s'y croise est impressionnante, tout comme le corail et les tombants vertigineux. Les novices, comme les plus initiés, trouveront terrain (lagon ou haute mer) à leur palme pour s'y adonner. Pour une (ré)adaptation en douceur, il est conseillé de commencer par des plongées dans les îles de la Société, dans le lagon ou dans les passes, au milieu des requins-citrons à Moorea ou des raies manta à Bora Bora. À Raiatea, les plongées se font aisément dans les passes, peu soumises au courant. Une épave située à une vingtaine de mètres de profondeur est même accessible pour les petits niveaux. Pour les plus expérimentés, après une première baignade dans l'archipel de la Société, direction les Tuamotu ! L'eldorado des plongeurs à l'aise, car les courants y sont forts et demandent une bonne condition physique. L'atoll de Fakarava regorge de vie : des poissons, des bancs de requins, un corail magnifique (*Voir Réserve de la biosphère*)... Dans les paysages lunaires de Rangiroa et ses tombants, des parois rocheuses sous-marines de près de 150 mètres, baignent requins, raies manta et dauphins (observables presque à chaque fois). Les raies manta sont aussi visibles à Tikehau. Des croisières réservées aux plongeurs sont possibles sur le bateau Aquatiki, aux Tumotu. Enfin, pour les fous de baleines*, l'archipel des Australes propose des plongées avec palmes, masque et tuba – les plongées en bouteille sont envisageables sur ces îles, mais seulement loin des baleines.

POISSON PIERRE

C'est un poisson caméléon surprenant et redoutable. Mais heureusement, il est très rare d'en rencontrer. Cette espèce de rascasse a l'apparence, comme son nom l'indique, d'une pierre : sur un fond sablonneux et corallien, il est difficilement repérable. Seules ses épines dorsales venimeuses dépassent. Ses piqûres sont à la fois très douloureuses et dangereuses. Si cela arrive (impossible de ne pas le sentir), mieux vaut consulter un médecin. La seule façon de s'en protéger est d'utiliser des chaussures de récif. Pour les plus curieux, il est tout à fait loisible d'aller observer en toute sécurité ces affreux (appelés *nohu* par les Tahitiens) au Lagoonarium de Punaauia, sur la côte ouest de Tahiti.

POM

La Polynésie française n'est plus un TOM (Territoire d'Outre-Mer) mais un POM (Pays d'Outre-Mer), depuis février 2004. Cette appellation n'a pas de signification juridique, c'est une sorte de label obtenu par le président de l'époque, Gaston Flosse*, pour marquer sa très large autonomie. La Polynésie française est dotée d'un président et d'une assemblée (57 représentants) élus pour 5 ans. Elle peut aussi adopter des « lois du pays » en matière de droit civil, de droit du travail et de fiscalité. Pas d'impôt sur le revenu, pas de chômage, pas de RSA, le POM cultive ses différences. Il a également son propre régime de Sécurité sociale, géré par la Caisse de prévoyance sociale (CPS). La République française est représentée sur place par le haut-commissaire (appelé couramment le « haussaire ») qui est chargé des affaires étrangères, de la justice, de la défense nationale, de la police et de la monnaie. Trois députés et deux sénateurs siègent au parlement français.

POMARE

Le premier roi de Tahiti naît avec l'arrivée des Européens, à la fin du XVIIIe siècle. Tu Tina Mate est à l'origine un simple chef de district que rien ne prédestine au trône royal. Des stratégies d'alliances lui ont certes permis de développer son influence, mais c'est bien la puissance militaire des Européens et un peu de hasard qui vont lui donner la possibilité de s'imposer et de lancer la dynastie des Pomare, unique famille royale de Tahiti de 1753 à 1880. En se rapprochant des Britanniques, afin de bénéficier de leur commerce et de la puissance de leurs missionnaires, la famille cause la rupture du peuple polynésien avec sa religion polythéiste (*Voir Dieux*) et assoit le christianisme dans les îles. Point de départ : en 1812, le roi Pomare II se fait baptiser. Une guerre de religion s'ensuit et prend fin en 1815 avec la victoire des chrétiens.

Le règne des Pomare sera ensuite marqué par la guerre franco-tahitienne (1844-1846). Alors que le pasteur anglais Georges Pritchard exerce une grande influence auprès de la reine Pomare vahiné IV, les Français menés par l'amiral Dupetit-Thouars lui forcent la main et lui imposent le protectorat. Une guerre s'engage entre les Tahitiens et les Français. Elle durera trois ans jusqu'à la victoire des seconds et la mise en place du protectorat français (1842-1880). Débute ensuite un conflit d'influence entre les protestants anglais et les représentants français, qui tourne, encore une fois, à la faveur des seconds en 1863, et se conclut par le remplacement des missionnaires britanniques par ceux français. Les Pomare font don de leur royaume à la France en 1880 : le roi Pomare V, sans goût pour l'autorité mais avec de fortes affinités pour la boisson, cède son royaume. Le territoire devient les Établissements français de l'Océanie le 29 juin 1880.

L'un des membres souverains est resté dans le cœur des Polynésiens : la reine Pomare vahiné IV, qui a régné plus d'un demi-siècle sur la société (1827-1877), a toujours montré son inclination pour les traditions ; elle incarne la dernière représentation du passé.

POMME CYTHÈRE

« S'il n'y a pas d'hiver, cela n'est pas l'été », chantait Jacques Brel dans « Les Marquises ». On pourrait même parfois croire à l'automne : contre toute attente, sous des températures élevées, certains arbres continuent à perdre leurs feuilles, au moment de la saison sèche (d'avril à octobre). Cela surprend dans un pays qui semble sans saisons. Le pommier cythère fait partie de ces originaux : cet arbre à feuilles caduques est aussi l'un des rares à être originaire de la Polynésie. Il produit un fruit très apprécié, la pomme cythère appelée aussi *vi Tahiti*. Mangée en salade ou en tranches comme une pomme – les deux fruits n'ont de commun que leur nom –, elle a un goût sucré, acidulé. Le bois de son arbre est souvent utilisé pour construire des pirogues. Le *vi Tahiti* est à ne pas confondre avec le *vi popa'a*, qui n'est autre que la mangue. Les deux fruits se ressemblent, mais le second n'est pas une variété indigène de la Polynésie, mais de l'Asie du Sud-Est (il a été introduit sur le territoire en 1848). Le frangipanier* (ou *tipanie*) et le badamier (*auteraa*) sont deux autres arbres à feuilles caduques de la Polynésie française.

POPOI

Elle est la berceuse la plus connue de la Polynésie française. *Taoto, pepe* (« Dors bébé ») fait référence à la célèbre *popoi fe'i*, cette bouillie jaune très appréciée des bébés, faite de bananes* plantain (*fe'i*) cuites et écrasées, mélangées avec du lait de coco*. Il existe aussi la *popoi* *meia*, préparée avec des bananes comme on les connaît. Ces pâtes alimentaires, *poi* ou *popoi*, autrefois nourriture principale sur le territoire, peuvent aussi être fermentées : l'ingrédient de base est alors le fruit de l'arbre à pain (*uru**), comme aux Marquises, ou le *taro*, notamment aux Australes. Les deux sont cuits, écrasés puis fermentés. Pour pallier l'âpreté de la pâte obtenue, elle est combinée à du lait de coco, du miel ou des fruits. La *poi* est souvent jugée meilleure le lendemain de sa préparation. Elle peut être conservée 15 à 20 jours. Le navigateur Alain Gerbault, dans son livre *La poursuite du soleil* (1929), décrit même une *popoi* vieille de cinq ans, à la très forte odeur, à base de *uru*, lors de son passage à Mangareva.

POTI MARARA

La petite embarcation polynésienne est devenue mondialement célèbre en 2002 grâce à Tavae Raioaoa qui s'en serait bien passé. Ce Tahitien âgé alors de 55 ans, maître de la pêche au *mahi mahi**, avait dérivé pendant cent dix-huit jours à bord de son *poti marara*, tombé en panne de moteur, au large de Moorea. Quatre mois plus tard et 30 kg en moins, « le miraculé du Pacifique » échouait sur le récif de One Foot Island, un *motu** minuscule de l'île d'Aitutaki, dans l'archipel des Cook. Un long calvaire que Tavae, aujourd'hui décédé, raconte dans le livre *Si loin du monde*, et où il décrit comment il a survécu à bord de son *poti marara*. Ce bateau de fabrication locale, destiné à l'origine à la pêche de nuit aux poissons volants (*marara*), s'est rapidement imposé sur le territoire comme un véritable navire de mer capable de chasser la bonite et le *mahi mahi*. Outre les avaries de moteur, la pêche pratiquée sur le *poti marara* est délicate car souvent pratiquée en solitaire : le pêcheur qui harponne le poisson est aussi celui qui pilote le bateau.

POUVANAA A OOPA

Il est considéré comme l'homme politique le plus important du XXe siècle en Polynésie française. On l'appelait *Te Metua*, « le Père » ou « le Sage » en tahitien. Né en 1895 à Huahine, Pouvanaa a Oopa, un modeste charpentier, symbolise aujourd'hui la lutte des Polynésiens contre le système colonial. Ancien combattant de la Première Guerre mondiale, il avait choisi la France Libre dès 1940, mais s'était opposé dans le même temps à l'administration française, l'accusant de ne pas respecter les droits des Polynésiens. Il fonde, en octobre 1949, le parti autonomiste du Rassemblement démocratique des populations tahitiennes (RDPT) et, en décembre 1957, devient le premier vice-président du territoire.

En 1958, il s'oppose au référendum relatif aux fondements de la Ve République, mais est bientôt arrêté, accusé d'avoir commandité l'incendie de toute la ville de Papeete. Malgré ses protestations – il se défendra durant toute sa vie d'un tel acte –, Pouvanaa est condamné à huit ans de réclusion criminelle et quinze ans d'interdiction de séjour en Polynésie française. Sous le gouvernement du général de Gaulle, il est envoyé en métropole et incarcéré. Ce n'est qu'en novembre 1968, et alors qu'il est devenu hémiplégique durant sa détention, qu'il retrouve Tahiti, où il est accueilli en héros. Gracié, il redeviendra sénateur mais l'homme continuera à réclamer la révision de son procès, sans l'obtenir de son vivant. Il est mort en 1977, à l'âge de 81 ans. Quarante et un ans après sa mort, en 2018, la Cour de révision finit par, enfin, l'innocenter et le réhabiliter. Un buste à son effigie a été érigé devant l'assemblée de Polynésie française.

PRISON OUVERTE

Sur l'île la plus peuplée des Marquises, il existe une prison sans barreaux. À Nuku Hiva, les détenus passent leur journée dehors, en présence d'un gardien qui n'est pas armé. Leurs limites : une haie, un caniveau... entre lesquelles ils sont laissés responsables, jouent à la pétanque et sont formés pour être réinsérés. La recette fonctionne : aucune évasion, aucune récidive n'est à déplorer depuis l'instauration du système en 1994. Impliqués dans des affaires de mœurs, les détenus, qui sont rarement plus de cinq, ne sont enfermés que la nuit et à l'heure de la sieste, moments durant lesquels ils peuvent se déplacer librement à l'intérieur du bâtiment. En cas de problème, un téléphone les relie au gardien qui habite à côté. Un modèle de prison, mais qui côtoie l'une des pires de France : Nuutania, à Faaa (Tahiti), a longtemps fait partie des établissements pénitentiaires les plus surpeuplés et les plus vétustes du pays. À la suite de plusieurs condamnations de l'État, la prison de Tatutu a ouvert ses portes en 2017 à Papeari, sur la côte ouest de Tahiti.

PUNU PUA'ATORO

Le mot vous semblera familier rapidement, tant le *punu pua'atoro* est populaire en Polynésie française. Il s'agit d'un mélange de bœuf vendu en boîte, que les Polynésiens mangent à presque tous les repas. *Pua'atoro* signifie « cochon-taureau » : les premiers animaux importés par les Européens ont reçu des noms composés à partir de *pua'a*, le cochon, qui était déjà là. Ainsi le bœuf est le cochon-taureau (et le cheval, *puaahorofenua*, un cochon qui court sur terre). Près d'une dizaine de sortes de *punu pua'atoro*, appelé aussi *corned-beef*, existent : nature, oignon, ail, piment... Il est souvent mangé chaud avec le fruit de l'arbre à pain (*uru**). Impossible de manquer le rayon dans les grandes surfaces, le produit, bien que très gras, est prisé. Mais ce n'est pas que pour son goût : la viande en boîte est classée produit de première nécessité et son prix est fixé par le gouvernement.

PURAU

L'arbre paraît pour le moins tourmenté, avec son tronc et ses branches tordus et enchevêtrés. À moins qu'il ne s'agisse de la marque d'une extrême souplesse. C'est ainsi que les Polynésiens ont depuis tout temps préféré regarder cet arbre, s'appuyant sur lui comme on utiliserait un couteau suisse. Le *purau*, indigène au territoire (l'une des espèces les plus répandues), sert à tout : son bois léger, facile à travailler, qui pèche peut-être par sa faible résistance, a longtemps été utilisé pour confectionner tout ce qui relève du matériau, de la pirogue à la maison. Aujourd'hui, les Polynésiens y ont recours pour la confection de pagaies et de sculptures. Mais plus insolite encore, son écorce fibreuse produit tous les liens : des cordes qui naguère faisaient office de sandales pour marcher sur le corail ou qui formaient et forment encore les beaux pagnes blancs des danseuses. Le *purau*, ou *Hibiscus tiliaceus*, produit une jolie fleur jaune. Et ses larges feuilles sont idéales pour remplacer assiette ou couvercle.

Q

QUENETTE

Le fruit ressemble à une mirabelle. Enveloppée dans une peau verte et lisse, sa chair, très sucrée, est extrêmement fine et entoure un gros noyau. Il y a peu à manger dans la quenette. Très acidulée, elle est appréciée par les Polynésiens, surtout par les enfants qui les cueillent directement sur l'arbre pour les déguster. Introduits à Tahiti en 1852, ces fruits verts, originaires d'Amérique tropicale, sont également vendus en grappe sur les bords des routes et au marché.

QUEUE DE POISSON

Heliconia imbricata (le balisier) est appelé à Tahiti « queue de poisson », du fait de sa curieuse et caractéristique inflorescence rouge, jaune ou orange, bordée parfois de jaune ou de vert. Son nom botanique fait référence à l'Hélikon, la montagne des Muses dans la mythologie grecque. La fleur inspire de tout temps, elle est aujourd'hui très recherchée pour la confection des bouquets de fleurs, vendus au marché. Elle connaît aussi des réfractaires : organisée pour recueillir le plus d'eau possible, son inflorescence attire les moustiques. Certains n'hésitent donc pas à s'en débarrasser. Il existe également en Polynésie française une autre espèce, *Heliconia rostrata*, appelée « pince de crabe ».

R

RAE RAE

Décolletés plongeants, taille marquée, talons aiguilles, vernis flamboyant... Les *rae rae* (prononcez «réré») ont le plus souvent une féminité ultra-prononcée, qui fut longtemps associée à la nuit. Elles apparaissent dans les années 1960 avec l'arrivée en masse d'Européens et de militaires, dans le cadre des essais nucléaires. Les *rae rae* sont des travestis (magnifiques!) qui ont, à l'instar de la vahiné*, leur propre concours de beauté, Miss Vahine Tane (marquant l'ambiguïté entre la vahiné (la femme) et le *tane* (homme), même si les *rae rae* semblent, eux, avoir choisi et souhaitent le plus souvent se transformer entièrement en femme).

Ce qui n'est pas le cas du *mahu* qui défie la théorie du genre. Le *mahu* polynésien est un homme, très efféminé, mais qui ne s'habille pas en femme et n'est pas obligatoirement homosexuel; nombreux ont même fondé des familles. *Mahu* signifie «esprit trompeur». «Si le *mahu* n'est pas "normal", au moins ne peut-on dire qu'il ne soit pas "naturel"», estimait l'écrivain Albert t'Serstevens dans son livre *Tahiti et sa couronne* paru en 1950. L'aîné d'une famille était naguère souvent éduqué comme une fille, afin qu'il s'occupe des plus jeunes.

Alors que le *mahu* est intégré au sein de la société polynésienne (l'un d'entre eux fut le confident de la reine Pomare*), le *rae rae* peine à s'y faire accepter au-delà des nuits. Les *rae rae*, très modernes, sont devenus malgré eux, un emblème de Tahiti pour les visiteurs.

RAMBOUTAN

Autant que la quenette*, le fruit du ramboutan (ou *Nephelium lappaceum*) est très apprécié des Polynésiens. Vendu en grappe sur les bords de route et au marché, il est remarquable par son apparence : son enveloppe est couverte de longues épines souples et rouges. Il est appelé « litchi chevelu », en raison de sa forme. Et il en a également le goût : sa pulpe, blanchâtre et translucide, a une saveur tout aussi sucrée.

RANDONNÉE

Faire de la randonnée en Polynésie française, c'est forcément s'engager hors des sentiers battus. Il n'existe pas de chemins balisés comme en Corse. Et trouver le point de départ de sa marche peut déjà être toute une aventure. La nature polynésienne reprend très vite ses droits et les sentiers sont toujours à retracer. Il est ainsi indispensable de se munir d'un coupe-coupe (une petite machette) pour se frayer un passage au sein d'une nature extrêmement généreuse. Il faut aussi être en forme : la chaleur et l'humidité sont épuisantes, et nombre de randonnées empruntent des pistes très périlleuses, à flanc de falaise. Mis à part l'ascension de l'Aorai, à Tahiti (comptez 8 à 9 heures) et une petite dizaine d'autres balades, un guide est réellement indispensable pour anticiper une météo très changeante, les fortes pentes, les terrains humides, les rivières, pour ne pas se perdre ou éviter les nombreuses propriétés privées. L'accès à certaines vallées est aussi payant, comme la Fautaua, à Tahiti (l'équivalent de quelques euros). Quels que soient les obstacles, ces randonnées sont la garantie d'un parcours original. Pour les plus chevronnés, l'expédition de l'Orohena (Tahiti) se fait en quatre jours. Le tour « Te Pari » permet de découvrir la sublime presqu'île sauvage de Tahiti. À Moorea, la randonnée des Trois cocotiers est un classique « facile ». Sur chaque île, il est possible de trouver tous les niveaux de difficulté, comme à Raiatea, de la randonnée « des trois cascades » à la difficile ascension du mont Temehani Rahi (avec bivouac). Les lavatubes* sont par ailleurs des sites très prisés par les randonneurs.

RÉGATE

Les photos de la Tahiti Pearl Regatta font à chaque fois le tour du monde via les réseaux sociaux. Ce ne sont pas tant (pour le moment) les résultats de la course nautique qui sont attendus que ces fameux clichés de bateaux semblant voler au-dessus des eaux par le truchement d'un lagon extra-translucide. Épatant. La Tahiti Pearl Regatta est l'un des événements sportifs et festifs les plus importants du territoire. Depuis 2004, elle attire chaque année, en juin, une cinquantaine de bateaux (monocoque, catamaran… d'environ 8 à 30 mètres de long) dont une quinzaine d'internationaux. Des pirogues traditionnelles accompagnent ces vecteurs de la modernité, pendant plusieurs jours, entre Tahiti, Tahaa, Raiatea et Huahine. Danses, chants, rencontres, cracheurs de feu, jeux, sports polynésiens, *ma'a Tahiti**… Les soirées sont extrêmement conviviales. La régate est surtout l'occasion, plus largement, de fêter le tourisme nautique en Polynésie française : le territoire attire chaque année jusqu'à 15 000 amateurs, c'est la zone de navigation la plus prisée du Pacifique Sud. Location de bateau avec ou sans équipage (le métier de skipper qualifié ne connaît pas la crise en Polynésie française) : toutes les formules sont possibles pour les plaisanciers qui ont le choix parmi une flotte d'environ 80 bateaux. Sous l'influence de l'alizé du sud-est, la navigation y est relativement facile la plupart du temps, à condition de bien choisir son itinéraire, entre patates de corail et passes parfois indomptables.

RELIGIONS

En Polynésie française, toutes les réunions publiques, les événements sportifs, les rendez-vous politiques commencent par une prière, catholique ou protestante. Les confessions ont une très grande influence sur les décisions sociales, culturelles et politiques. Les élus ont besoin de l'appui des religions. Et lorsqu'il y a un problème grave sur le territoire, les représentants des cultes jouent le rôle de médiateur. C'est dire à quel point les Polynésiens sont pieux. 55 % d'entre eux sont protestants, 30 % catholiques (très présents aux Tuamotu et aux Marquises), les autres sont mormons, adventistes, témoins de Jéhovah, sanitos, juifs (il y a une synagogue à Tahiti), pentecôtistes etc. Et non seulement, ils croient, mais surtout, ils pratiquent assidûment.

À l'origine, la société polynésienne était très religieuse (*Voir Dieux*). Une religion en a ensuite chassé une autre. C'est dans la baie de Matavai (côte est de Tahiti) qu'ont débarqué les premiers missionnaires protestants anglais envoyés par la Société missionnaire de Londres le 5 mars 1797. Une grande fête est organisée chaque année à cette date, devenue jour férié. En 1830, des missionnaires catholiques arrivèrent aux Gambier (*Voir Cathédrale*) et convertirent la population puis celle des Marquises. Leur arrivée sonna le glas de la religion polynésienne (*Voir Marae*), mais aussi de sa culture. Les nouveaux venus déclarèrent les chants, les danses, les tatouages contraires aux bonnes mœurs, et les interdirent. Le tabou* dura un siècle.

REQUINS

Il n'y a jamais eu d'accident mortel provoqué par un requin en Polynésie française. Pourtant, ils sont nombreux à se baigner, côté lagon ou en pleine mer. Le plus classique est le requin pointe noire (appelé *ma'o mauri* par les Tahitiens) : c'est le gentil du lagon, on le dit même craintif, il est reconnaissable à ses taches noires aux extrémités de ses nageoires mais aussi à son nez rond. C'est un petit requin qui ne dépasse pas les 2 mètres. Impossible de le manquer, il est un peu partout. Le requin gris évolue également dans le lagon : un peu plus grand, son aileron est parfaitement gris, il n'est pas agressif, même si on le dit puissant comme le « citron », du fait de ses accélérations. Les requins-citrons et les requins-tigres vivent eux en permanence en Polynésie, mais derrière la barrière de corail ou dans les passes, pour chasser. Le premier, qui peut mesurer jusqu'à 3,50 mètres, doit son nom à ses yeux jaunes. Il est le plus imposant des requins que l'on croise facilement en Polynésie française. Au final, il y a globalement beaucoup plus de risque de se blesser sur le corail que d'être agressé par un requin ! À moins de s'accrocher un poisson mort au maillot de bain… Une seule règle d'or s'impose dans les eaux polynésiennes : c'est de regarder sans jamais toucher.

RÉSERVE DE LA BIOSPHÈRE

On parle de paradis environnemental : l'atoll de Fakarava, aux Tuamotu, et ses six îles voisines sont, depuis 2006, classés réserve de la biosphère par l'Unesco. Les autorités et la population locales ont à charge de maintenir dans cette aire, représentée à 89 % par des lagons, l'équilibre entre activités humaines et préservation de la nature. Le classement témoigne surtout des richesses de l'écosystème de ces atolls. Sous l'eau, le corail (sublime) et les espèces qui les peuplent, côtoient des prairies sous-marines remarquables. À terre, les forêts primaires de *puatea* (*Pisonia grandis*), arbre de grande taille, fréquentent les cocoteraies, tandis que dans les airs, le martin-chasseur, ou *koteuteu*, réserve ses faveurs à cette aire si privilégiée. En clair, de nombreuses espèces sont rares, voire ne se retrouvent nulle part ailleurs, il est donc indispensable de les protéger. D'où les recherches scientifiques qui s'y réalisent et ce classement qui réclame une participation active de la population : des mesures ont été prises pour limiter la pêche au mérou, rendu célèbre dans le documentaire *Le mystère Mérou*, réalisé en 2015 par Gil Kebaili, avec le biologiste et plongeur Laurent Ballesta qui réalisa pour l'occasion une plongée record de 24 heures. Fakarava, l'un des atolls favoris des plongeurs, est situé à une heure et demie en avion de Tahiti.

RESSAC

On dit qu'il porte vos humeurs : provoqué par le grondement des vagues qui viennent buter sur la barrière de corail, le bruit du ressac peut vous bercer, vous tourmenter, vous agacer, vous rendre malade ou vous donner à rêver, surtout au moment de se coucher. C'est la nuit qu'il paraît toujours plus violent. Impossible en tout cas de ne pas l'entendre. Sur un atoll des Tuamotu, il peut même donner le sentiment de vivre sur un bateau immobile.

RIVIÈRES

C'est au bord de la Fautaua, à Tahiti, que le héros du *Mariage de Loti*, écrit par Pierre Loti en 1879, aperçut pour la première fois la belle Rarahu, « les pieds trempant dans l'eau claire et fraîche ». Herman Melville* passait lui aussi de longues heures dans la rivière des Taipi, la Taipivai, à Nuku Hiva, aux Marquises. Les îles hautes regorgent de cours d'eau où les Polynésiens ont l'habitude de se baigner, car l'eau y est plus fraîche que celle du lagon. Après un bain de mer, il n'est pas rare non plus de les voir s'y savonner ou encore de s'y laver les cheveux avec du shampoing. Des moments très conviviaux, surtout le dimanche, en famille. Si 72 cours d'eau parcourent Tahiti (le plus grand étant la rivière Papenoo), moins de la moitié est propre à la baignade, en raison des rejets domestiques et industriels. À Moorea, il est d'ailleurs fortement déconseillé de s'y baigner. Comme à Raiatea où coule la Faaroa, seule rivière navigable du territoire. Pour les plus audacieux, gare aux *nono** qui raffolent des nouvelles peaux.

ROBINSON (SYNDROME)

Ils sont nombreux à venir chercher le Tahiti de Pierre Loti, les Marquises de Herman Melville ou de Jacques Brel, le Tetiaroa de Marlon Brando ou la vie sauvage selon Daniel Defoe, voire Rudyard Kipling. Avec des histoires d'Eden, de Jules Verne ou de pirates plein la tête. Mais, sitôt arrivés sur l'île, dans le quotidien d'une vie alanguie, très chère, sans repère culturel et sans saison, sur un bout de terre tout petit, le choc est parfois rude. Le voyage pathologique n'est pas une légende. Une étude réalisée par des psychiatres de Tahiti trouve son origine dans trois mythes. Le premier: Robinson recherche une île déserte pour mesurer l'essentiel de son être dans un grand face-à-face. Devant l'immensité océane, seul un grand vide se révèle à lui: point de salut hors du regard des autres, soulignent les spécialistes qui parlent du syndrome de Robinson. Le deuxième mythe s'associe à la quête du bout du monde, de ces lieux mystérieux et lointains, où se trouvent les restes de civilisations disparues et surtout «le principe explicatif du monde»... Même désillusion. Le troisième est celui de Bougainville et de la pensée rousseauiste: le mythe de «l'île de la Félicité, où règne la volupté», chère à la pensée du XVIIIe siècle, et qui donne depuis plus de deux cents ans à Tahiti, surnommée «la nouvelle Cythère», l'image inaltérable de l'île paradisiaque. La déconvenue peut entraîner des maux plus ou moins lourds, constatent les médecins, du spleen au grand délire comme ce Belge parti «redresser l'axe de la Terre» sur l'île de Rapa.

«Qu'est-ce que je ne donnerais pas pour n'être pas là, ailleurs, je ne sais pas où d'ailleurs, sous le soleil exactement», chantait Serge Gainsbourg. Fort heureusement, la réalité tahitienne n'est pas paradisiaque, ce qui permet d'y vivre, avec sa pollution, ses embouteillages, ses tensions sociales, ses maladies... Nombre de voyageurs ne sont pas déçus. Certains se mettent assez vite à rêver aux États-Unis ou à la Nouvelle-Zélande, avec un grand désir de consommation. «On ne part jamais», écrivait Arthur Rimbaud.

ROULOTTE

Poisson cru, *chao men*, steack-frites, brochette de poisson, crêpe ou pizza? Il y a tout ce que vous voulez aux roulottes de Papeete. Ces camionnettes-restaurants, appelées *foodtrucks* en métropole, sont incontournables en Polynésie française : elles répondent à petits prix aux envies les plus diverses. Concentrées surtout sur la place Vaiete, quai des Paquebots, les roulottes sont l'occasion d'un dîner très convivial, dans un cadre typiquement polynésien, des joueurs d'ukulélé* viennent parfois assurer l'animation. S'il est agréable de manger sur place, il est aussi possible d'opter pour un plat à emporter. Pas de gaspillage : en cas de restes, il vous sera proposé de les conditionner pour les rapporter chez vous. Les roulottes, en place depuis les années 1970 à Tahiti, existent maintenant dans la plupart des îles. Ouvertes de 18 heures jusqu'à 2 heures du matin, elles attirent autant les résidents que les touristes. Elles n'ont pas le droit de vendre de l'alcool.

S

SABLE NOIR

Elles ne font pas partie du mythe, ne figurent sur aucune carte postale et les touristes leur tournent souvent le dos. Les plages de sable noir surprennent, car éclipsées depuis toujours par les magnifiques plages de sable blanc. Elles sont pourtant nombreuses, notamment sur la côte est de Tahiti et à Hiva Oa aux Marquises, à border des petits paradis. C'est le cas de la baie de Matavai, à Mahina (PK10), où débarquèrent les premiers explorateurs européens en 1767 puis les premiers missionnaires protestants anglais en 1797 (*Voir Religions*). Plus sauvages, entre mer et montagne, ces plages brutes, sans lagon, parfois ombragées, rappellent les origines volcaniques des îles hautes. Érosion, précipitations : le basalte des falaises a été progressivement rejeté sur le littoral jusqu'à former ces étendues de sable fin et noir, fréquentées par les Polynésiens et les résidents métropolitains.

SABLE ROSE

Il faut aller au bout du bout du monde pour voir les rares plages de sable rose de la Polynésie française. Très isolée, la plus célèbre se trouve à Rangiroa (Tuamotu), à une heure d'avion de Tahiti. Située à l'extrême sud-est de l'atoll, elle n'est accessible que par bateau au départ des villages Avatoru et Tiputa. Il faut 1h30 pour traverser l'immense lagon, et parvenir à ces bancs de sable magnifiques. Des lignes roses sur du sable blanc ou un sable entièrement rose, à fleur d'eau translucide. Le phénomène est l'œuvre des foraminifères, minuscules organismes de moins d'un millimètre, qui vivent en colonie. L'accumulation de leurs coquilles donne cette surprenante couleur que l'on peut aussi admirer sur le *motu* Tavania, à Tikehau.

SAISON(S)

Avec près de 3000 heures de soleil par an aux Tuamotu, la Polynésie française bat des records d'ensoleillement. Et de température : le thermomètre atteint en moyenne 27 °C toute l'année, tandis que l'eau des lagons se stabilise autour de 26 °C. Globalement, à Tahiti, il fait ainsi toujours beau et chaud, à une nuance près : les grains (vent et pluie). Ils surviennent de novembre à mars, de manière aléatoire. Cela signifie qu'il est plus rare, durant cette saison, d'échapper à une averse, entre deux rayons de soleil (et la chaleur est de toute façon persistante). Les saisons sont en revanche inversées aux îles Marquises. Et la période de novembre à mars se veut plus sûre pour les découvrir en évitant les grains. Sur les atolls, faute de relief, les nuages passent en général très vite. Reste que la météo en Polynésie française, comme partout ailleurs sur la planète, n'échappe pas aux caprices : il peut pleuvoir de manière incessante pendant plusieurs jours durant cette période. La pluie tropicale a aussi ses charmes.

SANTAL

Plusieurs espèces endémiques existent en Polynésie française dont le *Santalum insulare bertero*. On en trouve à Nuku Hiva, Ua Pou, Hiva Oa, Tahuata et Fatu Hiva (aux Marquises), à Tahiti, Moorea et Raiatea (archipel de la Société) ainsi qu'à Raivavae et Rapa (îles Australes). Bien que très répandu, le santal est en voie de disparition et aurait déjà disparu dans plusieurs îles (Ua Huka, Makatea, Tubuai). Et même présent, il se fait de toute façon très rare, perché sur les montagnes escarpées. Le santal est une espèce protégée. Appelés *ahi* en tahitien et *puahi* en marquisien, ces arbustes au bois odorant ont été pillés par des trafiquants, à la suite du passage de Wallis*, Cook et Bougainville à la fin du XVIIIe siècle, et du témoignage de leur considérable découverte : ils y ont observé du bois de santal de qualité et en quantité sur toutes les îles polynésiennes. Dès 1850, il ne restait quasiment plus de spécimens, pour la plupart partis en fumée : le bois de santal était aussi surtout prisé pour fabriquer des bâtons d'encens. Les Polynésiens s'en servaient pour réaliser du *monoi**, soigner les otites et sculpter des *tikis**. Le santal repousse aujourd'hui de manière très lente, il fait l'objet d'un programme de multiplication et de conservation sur tous les archipels.

SENS

Le tourbillon de l'eau dans le lavabo tourne dans le sens des aiguilles d'une montre dans l'hémisphère nord et dans le sens inverse dans l'hémisphère sud... C'est faux ! À Tahiti comme à Paris, ce tourbillon peut prendre tous les sens. Et ce phénomène, répété à l'envi aux nouveaux arrivants, est une simple croyance populaire. La force de Coriolis, due à la rotation de la Terre, est en effet bien trop faible pour influencer ce tourbillon. Pour avoir un réel impact, visible, le diamètre du fameux lavabo devrait être d'au moins plusieurs dizaines de kilomètres. Le fait est en revanche observable pour les dépressions et les cyclones.

SOMMETS

Les sommets polynésiens les plus vantés sont ceux des vagues de Teahupoo (*Voir Surf*). Mais au delà de ses rouleaux mythiques et de ses horizons lagonaires, le territoire recèle de hauts sommets montagneux, vestiges d'anciens volcans*. C'est à Tahiti que l'on retrouve les trois points culminants : le mont Orohena toise tous les autres (2 241 mètres), suivi par le Pito iti (2 110 mètres) et le mont Aorai (2 066 mètres). Leur ascension est rendue très difficile par l'humidité, la dénivelée et une végétation très luxuriante (*Voir Randonnée*). Autre île réputée pour ses hauteurs : Moorea et ses huit sommets aux formes sculpturales, dont Moua Puta ou la « montagne percée » qui présente un large trou en son milieu. La légende raconte que c'est le guerrier Pai qui, avec sa lance, l'aurait percée pour effrayer des voleurs. Ua Pou, aux Marquises, défie aussi les nuages avec ses pitons (*pou*) spectaculaires. De véritables pics acérés que Robert-Louis Stevenson décrivait en 1888 comme des « flèches volcaniques semblables à des clochers d'église ». Le dernier fameux sommet remporte tous les suffrages de beauté : le mont Otemanu, au milieu du lagon de Bora Bora, offre les vues les plus chères de la Polynésie française. Tous les bungalows sur pilotis des luxueux hôtels ont les yeux tournés vers lui.

SOURCILS

Les Polynésiens parlent avec leurs sourcils, comme les

Italiens avec leurs mains. Le langage surprend la première fois, et peut vous laisser coi. C'est le moment d'observer, car une subtile inclination peut signifier de très nombreuses choses. Haussement de sourcils, battements de l'œil... C'est tout un dialogue surprenant qui s'engage sous vos yeux – restés muets pour le coup. Il ne s'agit pas de développer des idées, mais de faire passer une question, par exemple, sur une action simple. Pas facile d'adopter la langue qui n'en réclame aucune, mais les Polynésiens, souvent timides et réservés, la préféreront à tous les mots.

SPOT

Tiré de la langue anglaise, le *spot* a remplacé le terme «site» en Polynésie française. Tout le monde parle en *spots*: spot de plongée, spot de surf, spot de baignade... C'est l'endroit idéal pour s'adonner à un sport, une pratique, un loisir. La presqu'île de Tahiti possède de superbes spots pour les pique-niques, en toute tranquillité. Le Belvédère à Tahiti, comme à Moorea, est un spot incroyable pour sa vue plongeante sur l'île. Ou encore, Moorea est un spot parfait pour observer les requins-citrons. Et les Australes, le principal spot qui accueille les baleines à bosse...!

SUP

Le Stand up paddle (Sup) ou le paddle est le dernier sport nautique à la mode en Polynésie française. Apparu dans les années 2000, il se pratique debout sur une planche (plus large et plus longue que celle de surf*) et avec une pagaie. En version sportive ou récréative, il est autant utilisé pour surfer les vagues, pratiquer des courses ou se promener dans le lagon au-dessus des jardins de coraux (attention aux passes* qui peuvent être dangereuses). Le paddle est accessible à tous. Il est possible d'en louer (d'en acheter aussi) et des excursions Sup sont souvent proposées. Seuls les plus expérimentés s'y adonnent sur la vague mythique de Tehaupoo, à Tahiti.

SURF

Débutants s'abstenir! 3, 4, 8 mètres de hauteur. Et jusqu'à 15,07 mètres un célèbre jour d'août 2000 qui lui vaut le label de «vague du millénaire» ou le plus gros tube jamais surfé de tous les temps par le champion hawaïen Laird Hamilton: la mythique vague de Teahupoo est l'un des spots* favoris des «gros» surfeurs, les spécialistes de la grosse vague. La petite commune de la presqu'île de Tahiti, Teahupoo, accueille chaque année, en août, une étape du championnat du monde. Ici, la chute est interdite. «La mâchoire», comme l'appellent les spécialistes, est une vague du large très dangereuse en raison de sa taille et du récif corallien à fleur d'eau (il faut prendre le bateau pour l'approcher). La vague qui consacre les audacieux, comme Kelly Slater à cinq reprises, fut aussi plusieurs fois mortelle. Tea-hu-poo signifie d'ailleurs «montagne de crânes». Autre spot recherché par les surfeurs chevronnés: la passe de Tikehau aux Tuamotu. Moins connue, moins haute, sa vague tubulaire est réputée parfaite. Il est évidemment possible de s'adonner plus paisiblement à ce sport phare, appelé *horue*, un peu partout en Polynésie française, notamment sur la côte est de Tahiti, à la pointe Vénus ou dans la baie de Matavai à Mahina – lieu où fut décrite pour la première fois la pratique du surf par le capitaine Cook en 1777...

T

TABOU

La lettre *b* n'existait pas à l'origine en tahitien, ce sont les explorateurs qui l'ont introduite : Pora Pora s'est ainsi transformé en Bora Bora, tout comme *tapu* est devenu *tabou*. Introduit par James Cook en Europe à la fin du XVIIIe siècle, le mot polynésien est analysé par Sigmund Freud dans son livre référence, *Totem et tabou*, en 1923. Il dépasse la définition classique de la chose qui ne se dit pas pour caractériser un ensemble d'interdits qui, transgressés, entraînent un châtiment. Il est ainsi tabou de déplacer un *tiki*, ou de poser le pied sur un *motu tapu*. La notion est aujourd'hui parfois détournée : de nombreux Polynésiens plantent sur leur propriété une pancarte avec le mot « tabou » pour chasser les indésirables. L'ombre de la transgression plane aussi sur de tristes histoires : en 1928, Frédéric Murnau a tourné le film *Tabou*, en violant des interdits – il a installé son quartier général sur un ancien cimetière et filmé des séquences sur des sites sacrés. Hasard ? De nombreux incidents sont survenus sur le tournage (noyades, intoxications...) et le réalisateur est décédé dans un accident de voiture huit jours avant la sortie du film. Plus heureux : la dernière reine de l'île de Rimatara (Australes) imposa un « *tapu* royal » sur le petit oiseau *vini** afin de le protéger – c'est aujourd'hui le seul endroit de la Polynésie française où il vit encore.

TAMANU

Ce n'est pas l'huile de «tamalu» (comprendre «t'as mal où?») qui n'existe pas, mais bien l'huile de *tamanu* qui est utilisée par les Polynésiens pour soigner tout, dès lors que la peau est concernée. Extraite des noix du *tamanu* (ou *Calophyllum inophyllum*) séchées au soleil, elle a un pouvoir régénérateur sur la peau. L'huile est ainsi utilisée pour cicatriser, apaiser les fesses rouges du bébé, anticiper ou atténuer les vergetures ou les rides des parents... Le bois rouge du *tamanu* était autrefois tabou* et réservé uniquement à la construction de *tiki** (l'arbre était planté sur les lieux sacrés). Il est aujourd'hui utilisé par de nombreux sculpteurs polynésiens.

TAMURE (DANSE)

Le secret du déhanché des vahinés? Les genoux! Ils doivent être fléchis, la hanche se lève si la jambe se tend. Cuisses, fessiers et mollets: c'est surtout le bas du corps qui travaille. Une évidence qui réclame en fait beaucoup beaucoup d'entraînement et ne fait pas tout: il faut de la grâce aussi, beaucoup de grâce et d'élégance. Une posture. Les bras ne doivent pas bouger, et les mains racontent. *Pareo** noué autour des hanches, les cheveux en cascade parés d'une fleur de *tiare**, le sourire toujours aux lèvres, les danseuses vous entraînent joyeusement dans les légendes polynésiennes. La danse tient une place centrale en Polynésie française, pour les femmes comme pour les hommes qui, pratiquent, eux, le *paoti* (les genoux s'ouvrent et se ferment en de grands battements). Seul, à deux ou en groupe (*Voir Heiva*), les danses accompagnent tous les événements: un accueil, une fête, un repas, des manifestations sportives etc. Elle permet autant de se détendre, de jouer que de rappeler les temps anciens (les Polynésiens s'appuient sur leurs légendes pour inventer les chorégraphies). La danse a failli disparaître, comme le tatouage*, avec l'arrivée des missionnaires chrétiens qui l'ont interdite à la fin du XVIIIe siècle. Il a fallu pratiquement cent ans pour qu'elle s'en relève. Les Tahitiens emploient le terme de *tamure* pour la danse en général et le terme exact de *ori tahiti* pour la danse traditionnelle. Il existe en réalité plusieurs types de danse : le *ote'a* qui se pratique en groupe mixte, tout comme le sensuel *aparima*, mais dont le mouvement s'effectue plus lentement, le très rythmé *pao'a* et le *hiviniau* qui se danse en cercle. Les danses varient d'un archipel à l'autre : le *haka*, fameuse danse guerrière, serait né aux Marquises.

TAPA

Le *tapa* est l'ancêtre du tissu en Polynésie française. Avant l'arrivée des Européens, les vêtements étaient confectionnés à partir d'écorce d'arbre, martelée durant de longues heures. Arbre à pain et mûrier s'y prêtaient très bien. À Fatu Hiva, la plus méridionale des îles Marquises, on fabrique encore cette étoffe traditionnelle. Il est possible d'assister à sa fabrication, des artisans vendent aussi du *tapa* à l'état naturel ou teint en rouge ou en jaune.

TARO

Il a pour sœur la pomme de terre. Le *taro*, une sorte de gros radis noir, est un tubercule cultivé massivement depuis plusieurs centaines d'années sur le territoire et même sur les atolls. Tahiti lui a consacré un festival en

2014, et il fait l'objet chaque année d'un concours lors de la foire agricole. Coupé en cubes ou en tranches, il accompagne les poissons et les viandes. En purée, en velouté, en beignet, en crème brûlée, on le retrouve sous toutes les formes. Les chips et les frites de *taro*, à la saveur légèrement sucrée, ont beaucoup de succès. Ses tiges (*fafa*) et ses feuilles (*pota*) sont aussi consommées. Le *taro* est tellement apprécié en Polynésie française que les 29 espèces existantes sur le territoire portent chacune un nom. La production, uniquement destinée à la consommation locale, est en vente partout, même sur les bords de route. Cultivé dans de nombreux autres pays, il est aussi accessible sur les étals métropolitains. Le *taro* est un mot polynésien, l'un des rares à avoir dépassé les frontières du territoire.

TATOUAGE

«L'œuvre du diable!» décrétèrent les missionnaires chrétiens arrivés à la fin du XIXe siècle en Polynésie française. Ils bannirent le tatouage, et ce n'est qu'en 1980 que les Polynésiens l'osèrent à nouveau. C'est un miracle qu'il n'ait pas disparu après tant d'années. Cet art est né en Polynésie: le terme *tatoo* fut rapporté en Europe par James Cook à l'issue de ses voyages à Tahiti, à la fin du XVIIIe siècle. Il vient du mot tahitien *tatau* qui signifie «frapper». Les tatoueurs introduisaient naguère sous la peau un colorant naturel issu de la noix du bancoulier. Le tatoueur n'avait alors plus qu'à marteler son motif à l'aide d'un maillet et d'une herminette aux dents de poissons, voire de requins, intégrées à l'extrémité. Les hommes pouvaient être tatoués sur tout le corps, le visage, la langue et même le sexe; quant aux femmes, elles étaient habituellement moins tatouées. Armes de séduction ou peintures guerrières, réservées le plus souvent aux classes les plus élevées... Chaque motif avait un sens qui fut oublié pendant l'interdiction. Heureusement, les Marquisiens, notamment, ont pu se réapproprier leur savoir-faire, grâce aux écrits laissés par le docteur allemand Karl Von den Steine qui, en 1897, avait répertorié l'ensemble des motifs. Ses notes ont été rassemblées dans le livre *Les Marquisiens et leur art*, paru au Vent des îles. Les Marquises sont le meilleur endroit pour se faire tatouer. Mais il est important de savoir qu'un tatouage ne supporte ni sable, ni soleil, ni eau de mer. Ne vous précipitez pas : attendez les derniers jours, tout en vous rappelant que cela ne se fait pas en cinq minutes. Il est indispensable de prendre rendez-vous.

TEMARU, OSCAR

Il appelle la Polynésie française « Ma'ohi Nui » (*nui* signifiant grand) : Oscar Temaru est le plus fervent représentant des indépendantistes polynésiens. Président du Tavini Huira'atira (ex-FLP, Front de Libération de la Polynésie), il occupe depuis 1983 le premier fauteuil de la mairie de Faaa, commune la plus peuplée de Tahiti (où il est né en 1944). Adversaire historique de l'autonomiste Gaston Flosse*, il fut un fervent opposant à la reprise des essais nucléaires. Alors qu'il œuvrait depuis des années dans l'opposition, il devient président de la Polynésie française en 2004. Une longue période d'instabilité institutionnelle s'ensuit, du fait du changement de mode scrutin en 2004 (à la proportionnelle) et d'alliances faites et défaites entre les deux camps autonomistes opposés et celui des indépendantistes. Oscar Temaru est élu cinq fois à ce poste en sept ans et deux fois à celui de la présidence de l'assemblée. Destitué des deux perchoirs, il continue à militer en faveur de l'indépendance de la Polynésie française, en demandant à l'ONU son classement parmi « les territoires non autonomes à décoloniser ».

TETUANUI

Tetuanui est le nom de famille le plus courant en Polynésie française, à l'instar de Martin en métropole. C'est aussi le nom d'un immense plateau à Rurutu (Australes), dont les nombreux sentiers sont empruntés pour des randonnées faciles.

TIARE

La fleur de Tiaré Tahiti est l'emblème du territoire, elle est très largement repérable sur les avions de la compagnie Air Tahiti Nui et a jusqu'en janvier 2014 figuré sur les billets de 1000 FCFP à l'oreille d'une jeune fille. L'accueil des nouveaux arrivants se fait toujours avec une fleur ou un collier de Tiaré Tahiti. La petite fleur blanche, de son nom latin *Gardenia taitensis*, est incontournable, dès l'avion. Et même absente, elle se fait sentir de loin. Macérée dans l'huile de coco, elle est utilisée pour la préparation du monoï*. Les vahinés* la portent ouverte au-dessus de l'oreille, tout comme l'hibiscus. Portée du côté du cœur, cela signifie que la personne a un partenaire, de l'autre côté qu'elle est disponible. En cas d'erreur, pas d'inquiétude, la règle n'est pas stricte, c'est un langage de fleurs, comme la rose rouge symbolise l'amour. Les hommes la portent, eux, en bouton. D'une façon générale, le *tiare* est associé à toutes les grandes fêtes et cérémonies religieuses de la Polynésie française. Son parfum envoûte. On le dit *noa noa*, qui sent bon, «parfumé», une expression reprise par Paul Gauguin pour son journal écrit à Tahiti (1848-1903), paru sous ce titre. *Noa noa* lui vient de sa première fiancée, Tehura, dont il disait «je suis embaumée d'elle». Il est difficile de se passer de la petite fleur: pour en rapporter chez soi, par avion, un certificat phytosanitaire est nécessaire; délivré à l'aéroport, il permet de garder les fleurs en cabine. «Être piqué au *tiare*» est d'ailleurs l'expression employée pour les visiteurs qui, envoûtés, ne peuvent plus quitter Tahiti.

TIARE APETAHI

La Polynésie française a son edelweiss: le Tiaré Apetahi, qui pousse uniquement sur l'île de Raiatea (à 45 minutes d'avion de Tahiti), à quelque 800 mètres d'altitude, tout en haut du volcan éteint, le Temehani. Elle n'est présente que sur deux versants et sur deux ou trois hectares. Le Tiaré Apetahi est une énigme pour les scientifiques. Malgré de nombreux tests, la fleur ne pousse nulle part ailleurs. Si le *tiare* classique est formé de 5 à 8 pétales en corolle, pour le genre Apetahi, les 5 pétales se présentent en demi-corolle, sur un seul côté. Quel que soit son secret, elle est à protéger: il ne faut surtout pas la cueillir. Victime de braconnage, la fleur est en voie de disparition.

TIFAIFAI

Les *tifaifai* sont des grands patchworks aux motifs colorés qui servent de drap, de couverture, de dessus-de-lit, de nappe et de taie d'oreiller en Polynésie française. Il recouvre aussi parfois les murs. Apparu au XVIIIe siècle avec l'arrivée des Européens, il consistait à l'origine à réutiliser et rassembler les rebuts de tissus divers sur un seul. Aujourd'hui, le tissu est acheté volontairement pour fabriquer le *tifaifai*. Les motifs représentent souvent des éléments naturels : feuilles de *uru**, fleurs d'hibiscus*... Le peintre Matisse qui séjourna trois mois en Polynésie, en 1930, s'en est largement inspiré pour réaliser ses tableaux aux gouaches découpées, notamment pour son œuvre *Polynésie, la mer*, peinte en 1946.

TIKI

L'un des plus précieux sites archéologiques des Marquises est niché en plein cœur d'une inextricable végétation, dans la baie de Puamau, à Hiva Oa : le meae d'Opoïna (ancien lieu de culte, *marae**) est protégé par un vieux banian* sacré. C'est ici que l'on trouve Takai, le plus grand des *tiki* de la Polynésie française. La statue mesure 2,35 mètres. Seuls les immenses *mo'ai* de l'île de Pâques (qui sont aussi des *tiki*) le dépassent en Polynésie (*Voir Ma'ohi*). Sculptés dans la pierre volcanique, le bois ou le corail, les *tiki*, présents partout sur le territoire, sont ces statues à forme humaine représentant des dieux polynésiens ou rappelant le souvenir d'ancêtres déifiés, homme ou femme, ou d'esprits. Certains sont détenteurs du *mana**, cette énergie surnaturelle venue des dieux en laquelle les Polynésiens ont toujours plus ou moins foi : ils évitent ainsi de les déplacer et de les toucher, même si, aujourd'hui, les *tiki* ne font plus partie du quotidien. Bien qu'ils aient résisté à l'arrivée des missionnaires chrétiens (nombreux ont cependant été émasculés), ils sont devenus des objets d'art vendus aux touristes sous la forme de statuettes. Les *tiki* sont aussi un motif très demandé pour le tatouage.

TO'ERE

Il donne le rythme des *tamure* : le *to'ere* est un bois creux (de tamanu le plus souvent), sur lequel le musicien frappe avec une baguette lourde fabriquée en *aito* (*Voir Arbre de fer*). D'apparence extrêmement simple, cet instrument de percussion traditionnel réclame pour sa fabrication un grand savoir-faire, une bonne maîtrise du bois et une bonne oreille ! Il est posé par terre à la verticale, tenu par une main, tandis que l'autre le frappe avec une baguette et donne la cadence. Le *Toere* fut aussi le nom donné au journal hebdomadaire des indépendantistes de 2001 à 2006, créé par Claude Marere.

TORTUE MARINE

Elle symbolise la lenteur en Europe, la sagesse et la longévité en Polynésie française. Quelle que soit l'allégorie qui lui est associée, la tortue a toujours eu du mal à se faire respecter. Cinq espèces marines vivent dans les eaux polynésiennes (sur les huit existantes) : la tortue verte (de la couleur de sa chair), la tortue imbriquée, la tortue caouanne, la tortue luth et la tortue olivâtre. Toutes sont en danger d'extinction ou critique d'extinction. Car malgré la protection dont elles bénéficient depuis plus de quarante ans, elles continuent à être tuées de manière illicite pour leur chair et leurs œufs. L'argument de la tradition évoqué par certains est vivement critiqué par d'autres : leur chasse a longtemps été interdite sur le territoire sous peine de mort. Seuls les prêtres et les rois étaient autorisés à les consommer jusque dans les années 1890, puis l'interdit fut levé et la chasse traditionnelle se mua en exploitation commerciale. D'où l'ambiguïté, malgré les sanctions pénales encourues, qui perdure autour de l'animal. Leur nombre a largement diminué. Pour y parer, l'Observatoire des tortues marines a été créé en 2011 par l'association Te Mana O Te Moana, présente notamment à Moorea et à Tetiaroa. Un centre, intégré à l'hôtel Le Méridien Bora Bora, a aussi pour vocation de les protéger et de sensibiliser la population et les touristes à leur sauvegarde. Visite très conseillée.

TOUSSAINT

Le 1er novembre est un jour très important en Polynésie française, un jour où l'on fête réellement les morts. Les tombes sont nettoyées, couvertes de sable blanc, des bougies et des fleurs sont déposées par centaines dans les cimetières ou les jardins – nombreux sont les Polynésiens décédés à reposer chez eux, parfois même sous leur maison, sur leur terre. Si les larmes sont présentes, c'est surtout une soirée où les familles et les amis chantent, rient, parfois mangent, surtout se souviennent ensemble de l'ancêtre ou du proche disparu. Sur les tombes des grands-parents, les enfants sont pris en photo. Ils courent, ils crient, ils jouent aussi. Les cimetières font la une des journaux. On n'oublie pas les morts en Polynésie française. On les célèbre. Les ancêtres polynésiens croyaient que l'âme (*varua*) était immortelle et restait après la mort parmi les vivants. Le 1er novembre, catholiques, protestants et tous les autres (*Voir Religion*) honorent leurs morts dès la veille au soir et le lendemain, toute la journée.

D'une façon générale, les cimetières sont des endroits agréables, ornés de plantes et d'odorants frangipaniers. « Ils parlent de la mort comme ils parlent d'un fruit », chantait Jacques Brel dans « Les Marquises ». L'approche est un rien fataliste, les Européens la prennent pour sagesse.

Les Polynésiens ont généralement la force de sourire, à leur façon, face aux vents contraires, aux péripéties, à l'imprévu. *Aita pea pea.* Pas de problème.

TRAIN

Des «mots saucissons» (le terme est officiel) composent la langue tahitienne dite de type agglutinante. En clair, pour désigner des objets nouveaux, la langue combine les mots déjà existants. Ainsi, l'hélicoptère se dit *manutautau na te reva* ou «oiseau suspendu dans l'espace», la télévision est une «caisse à théâtre» (*afata teata*) et le frigidaire, «une caisse à refroidir la nourriture» (*aatoetoeraa ma'a*). Le «train» concourt au même principe: c'est une voiture qui lâche du feu (*pere'o'o auahi*). Le mot est très rarement employé car le train est tout simplement inexistant sur le territoire! Il a pourtant connu des heures de gloire, à Makatea (Tuamotu), grâce à la mine de phosphate* exploitée de 1906 à 1966, pour laquelle il avait fallu imaginer de nouveaux moyens de transport afin d'acheminer le minerai et les équipes de travailleurs durant les années fastes: sept locomotives, des wagons, une ligne constituée de deux branches sur 8 kilomètres. Comme au Far West! Il n'en reste aujourd'hui que des vestiges...

TROU DU SOUFFLEUR

Il en existe plusieurs en Polynésie française. Ces trous du souffleur sont des sortes de geysers provoqués par les vagues et les aspérités propres aux îles volcaniques. Le plus connu se situe à la pointe Arahoho, sur la côte est de Tahiti, à 22 kilomètres de Papeete (près de Tiarei).

Un souffle d'eau jaillit régulièrement en bord de route, le long de la paroi rocheuse. À cet emplacement, la houle s'engouffre dans une grotte sous-marine prolongée par une cheminée qui donne sur l'extérieur. La puissance de la vague provoque un souffle unique que l'on entend de loin. D'où l'autre terme de «trompette à marées». À la suite de plusieurs accidents d'automobilistes surpris, un tunnel a été ouvert pour contourner le site. Mangareva, aux Gambier, possède aussi son trou du souffleur (*puhi puhi*), d'où s'élève un souffle d'eau à plusieurs mètres de hauteur. Un autre est visible sur la côte de Manihimatahuna, à Ua Huka, aux Marquises.

TRUCK

Ceux qui ont longtemps été le seul moyen de transport public à Tahiti et dans les îles ont presque tous disparu de la circulation. Pratique: le chauffeur s'arrêtait là où on lui demandait. Patience: il pouvait aussi s'arrêter faire quelques courses ou déjeuner... Les *trucks* étaient rarement à l'heure. Ils étaient encore au début des années 2000 le meilleur moyen de faire le tour de l'île en musique, parmi les Polynésiens. Remplacés par des bus classiques, les *trucks* avaient ce charme en plus: la cabine avant d'un camion associée à une structure en bois, à l'arrière, peinte de couleurs vives. Chaque année, fin janvier, ils réapparaissent durant une journée pour le Tere Fa'a'ati, un tour festif de Tahiti en *truck* et en musique.

TU

Cela peut paraître étrange, et prendre quelques jours avant de ne plus étonner: le tutoiement s'impose à Tahiti.

À la banque, au marché, à la gendarmerie, face au président de la Polynésie française, aux ministres ou même envers le plus âgé des *matahiapo* (personne âgée), il est d'usage d'employer le «tu». Le vouvoiement, tel un homme qui oserait le costume-cravate, fera sourire ou paraîtra très arrogant. Le respect se joue davantage dans le ton et les égards. Et l'on s'y fait si bien que rapidement, il devient très difficile de penser à nouveau en «vous».

TUPAPA'U

Un Polynésien dira qu'il ne s'agit pas d'y croire ou de ne pas y croire, puisqu'ils existent. Les *tupapa'u* désignent les revenants, les fantômes, les esprits errants, et tout le monde a une histoire de *tupapa'u* à raconter puisqu'ils viendraient régulièrement côtoyer les vivants. Raison pour laquelle il faut éviter de se promener seul la nuit. Les Polynésiens laissent d'ailleurs toujours une lampe allumée avant de se coucher, la lumière les ferait fuir. L'histoire ne dit pas s'ils sont bons ou mauvais, il faut surtout essayer de les comprendre, ou partir en courant. Le *fare** *tupapa'u* (littéralement la «maison des esprits») était jadis le lieu sacré qui accueillait les défunts. Paul Gauguin s'en est inspiré en peignant, en 1893, *Manao Tupapau* («L'esprit des morts veille», aussi baptisé «Elle pense au revenant»): sur le tableau, le *tupapa'u* est représenté par une personne habillée en noir qui rôde dans une pièce où une jeune femme est allongée sur un lit. Outre les *tupapa'u*, il faut aussi se méfier des dames blanches qui se tiennent sur les bords de route, dans certaines maisons ou qui passent leur temps à traverser la route pour aller vers la mer. Au pays de tous les esprits, c'est surtout un doute (raisonnable) qui risque de se révéler à vous.

U

UKULÉLÉ

C'est la fameuse petite « guitare » tahitienne faite en bois et avec des cordes en nylon (souvent du fil de pêche de couleur vive). Mais attention, les doigtés n'ont rien à voir avec ceux de la guitare et le passage à l'ukulélé, même pour un guitariste averti, prendra un peu de temps. L'instrument ne possède que 4 cordes doublées (donc 8 au total) ou triplées (12). Son corps et son manche sont faits dans une seule pièce de bois. L'ukulélé se joue partout, il rythme la vie de tous, dans la rue, sur la plage, à l'aéroport, dans les magasins... et surtout dans les bringues*. L'instrument ne fait cependant pas partie de l'orchestre traditionnel polynésien (*Voir To'ere*), car il a été importé d'Hawaï, au début du XXe siècle, les Hawaïens s'étant eux-mêmes inspirés du *cavaquinhodes* portugais (une sorte de petite guitare à quatre cordes pincées). Au départ était la simple demi-noix de coco, barrée de 4 fils et prolongée d'un bout de bois en guise de manche. Aujourd'hui, certains modèles ont une ligne qui s'assimile à celle d'une mini-guitare électrique. Des ukulélés sont en vente au marché de Papeete.

URU

Henri Matisse l'a souvent peinte en bleu ou en noir : elle est pourtant d'un vert remarquable. La feuille de l'arbre à pain, à la découpe si singulière, a inspiré de nombreux artistes. Son gros fruit vert et globalement rond, *uru* en tahitien et *mei* en marquisien, a nourri des générations de Polynésiens. Les Marquisiens ont pris l'habitude d'en planter un spécimen à l'arrivée de chaque nouveau-né. Produisant ses fruits quand l'enfant entre dans l'âge adulte, il subvient à ses besoins tout au long de sa vie. Et, en cas de disette, les ancêtres, prévoyants, avaient même inventé une façon de conserver le *uru* pendant plusieurs années – sous la forme de *popoi* (une pâte conçue avec du *uru* cuit dans le four* traditionnel) et de *mahi*, une autre pâte qui utilise des morceaux de pulpe cuits, après fermentation dans une fosse. Consommé sur l'ensemble du territoire, le *uru* est aujourd'hui bouilli, rôti, cuit à l'étouffée ou même dégusté en frites. Le goût de sa chair rappelle celui de la pomme de terre, qui le détrône progressivement sur les tables. James Cook s'était fait le premier défenseur de ses vertus nourricières : il écrivit, à la fin du XVIIIe siècle, que si un Polynésien plantait dix arbres à pain au cours de sa vie, il remplissait son devoir à l'égard de la génération suivante. C'est la raison pour laquelle le capitaine Bligh, commandant de la *Bounty**, se rendit quelques années plus tard à Tahiti : son but était de l'introduire aux Antilles pour nourrir les esclaves. Ce que l'on sait moins, c'est que l'arbre à pain est aussi à l'origine de l'ancêtre du gel pour les cheveux. Le latex blanc qui s'écoule lors d'une incision de l'écorce était naguère mélangé à un peu de monoï pour fixer les coiffures.

V

VA'A

Les fameuses pirogues à balancier s'appellent *va'a*. C'est le sport le plus pratiqué sur le territoire aujourd'hui, la manifestation la plus importante étant la course *Hawaiki nui va'a**. Il y a trois mille ans, ces embarcations ont permis la réalisation d'un tout autre exploit auquel les courses rendent aujourd'hui hommage : les ancêtres des Polynésiens, venus du Sud-Est asiatique, ont débarqué sur les îles polynésiennes (*Voir Ma'ohi*) à bord de ces fameuses barques. Une performance remarquable au regard des distances parcourues et des instruments d'orientation d'alors. Navigateurs hors pair, les Polynésiens qui construisaient des *va'a* 100 % naturels, faits à partir de bois, de coquillages, d'os, de pierre et d'arêtes de poissons, se repéraient aussi naturellement avec les étoiles, le soleil, les vents, les houles et les courants. Ils traçaient leur route à l'aide des constellations qui portent pour la plupart des noms en lien avec la mer et la pirogue – la constellation du Scorpion est appelée *Te Matau ö Maui*, soit l'hameçon de Maui (demi-dieu de la cosmogonie polynésienne, à l'origine de la naissance des îles). Le *va'a* a toujours fait partie du quotidien : réservé à la pêche, le transport entre les îles, la guerre et les voyages, ces embarcations ont été, dès le XIXe siècle, utilisées pour la compétition. Elles se sont ensuite diversifiées (pirogue simple ou double), et leur taille a été rendue variable (elles peuvent contenir de 1 à 16 rameurs). Le bois des coques a aussi été remplacé par de la résine polyester et du carbone ultraléger. Quant à la rame d'usage dont les matériaux ont également évolué, il s'agit de la pagaie, utilisée seule, et qui, depuis tout temps, ne trouve appui sur aucun bord (contrairement à la rame classique). C'est dire la force que la discipline réclame. Elle est aujourd'hui mondialement dominée par les Polynésiens, chez les hommes et chez les femmes.

VAHINÉ

La femme polynésienne (ou *vaine* en tahitien) ne passe pas son temps à séduire, danser, sourire et nouer son *pareo** (qui plus est, seulement à partir de la taille, les cheveux assurant le reste). Depuis le XVIIIe siècle, explorateurs, artistes et bien d'autres ont remplacé la vahiné par un mythe, lascif, amoureux, libertin. Une sorte de label attirant le chaland, qui perdure aujourd'hui à travers des calendriers (sur lesquels ne figure plus aucune Polynésienne, mais le plus souvent des Sud-Américaines, des Asiatiques ou des Européennes). D'autres ont tenté le contrepoids, à la fin du XXe siècle, en évoquant une femme polynésienne dominante, par la mise en avant d'une culture matriarcale. Son statut semble plus nuancé. Longtemps, des interdictions (tabous*) ont été imposées aux femmes, notamment celle de la pêche et celle de partager les repas des hommes. Dans le même temps, des femmes ont dirigé des territoires, comme aux Marquises, à Huahine où les reines se sont succédé (Huahine signifie d'ailleurs l'«île de la femme») ou encore à Tahiti avec la reine Pomare IV (*Voir Pomare*). Si la femme continue aujourd'hui, d'un côté, à nourrir cette image de l'idéal en multipliant les concours de beauté, de l'autre, elle travaille, gère son entreprise, s'occupe des enfants, peint, écrit des livres, devient députée... quand le *tane* (l'homme) se voit, lui, toujours refuser la reconnaissance de la paternité sur l'île de Maiao où sont considérés comme étrangers ceux dont la mère n'est pas originaire de l'île (*Voir Loi des 24 heures*). Reste cependant ce terrible fléau qui pointe encore le déséquilibre : en Polynésie française, une femme sur quatre est battue (contre une sur dix en métropole).

VAITEANI

Auteure et compositrice, la chanteuse tahitienne Vaiteani dont le prénom signifie « source du ciel », forme avec Luc un duo inédit de folk polynésien. S'inspirant de leurs origines et de leurs voyages dans le Pacifique, en métropole et en Afrique, ils parlent d'amour mais aussi de résistance, en langues tahitienne, française et anglaise. Sur la féminité, Vaiteani se réfère à Paul Gauguin. À contre-pied. Dans la chanson « A peni mai » (Peins-moi), elle se place dans la peau d'un modèle du peintre et lui redonne voix. Le tandem qui interprète à sa façon « Belle-Île-en-Mer, Marie-Galante » de Laurent Voulzy, compte deux albums à son actif.

VANILLE

Tahaa, surnommée « l'île vanille », produit 80% de la récolte en Polynésie française. Elle renferme des trésors au cœur de son exubérante végétation : de précieuses et délicates orchidées, *Vanilla tahitensis*, poussent durant deux années à l'abri du soleil, sous des ombrières, exposées uniquement à la chaleur et à l'humidité qu'elles affectionnent. Il faut une patience infinie pour se lancer dans cette culture. Introduite en 1848, la vanille de Tahiti est exigeante, elle réclame des gestes précis, la pollinisation se fait uniquement par la main de l'homme, et, comme la fleur est éphémère – elle s'ouvre seulement quelques heures –, elle doit être manipulée durant ce très bref laps de temps. Plusieurs milliers de fleurs sont ainsi unies en quelques jours. La vanille de Tahiti est rare : sa production représente moins de 1% de la production mondiale. Sa différence tient aussi à son caractère plus fruité et plus odorant que les autres espèces. Car sa gousse, qu'on laisse sécher au soleil, est récoltée à pleine maturité, soit au bout de neuf mois, alors que les autres sont récoltées deux mois plus tôt afin d'éviter qu'elles ne se fendent. La gousse tahitienne, qui ne craint rien, se gonfle ainsi de plus d'arôme et de plus de grains. Au bout du compte, la vanille de Tahiti mérite bien son qualificatif de « vanille de luxe ». Le prix de vente au kilo est en moyenne de 200 euros. Les grands pâtissiers parisiens sont nombreux à faire eux-mêmes le déplacement pour s'approvisionner.

VÉNUS

Située sur la côte est de Tahiti, la pointe Vénus doit son nom à l'explorateur anglais James Cook. Il est le premier Européen à débarquer dans la baie de Matavai, le 3 juin 1769, afin d'y observer le transit de la planète Vénus devant le disque solaire. La baie de Matavai borde une plage de sable noir qui fut ainsi baptisée la « pointe Vénus ». Ce site est le point situé le plus au nord de l'île. C'est aussi l'endroit qui sera choisi par le capitaine Bligh, commandant de la *Bounty**, pour mouiller le 26 octobre 1788, puis par les missionnaires protestants anglais, le

5 mars 1797 (*Voir Religion*). Un phare d'une hauteur de 25 mètres, appelé Teara o Tahiti, a été construit à cet endroit en 1867. D'une hauteur de 25 mètres, il est surélevé en 1953 d'un étage supplémentaire. Le premier phare du Pacifique Sud, toujours en service, n'est pas ouvert aux visiteurs.

VIE CHÈRE

Règle numéro 1 à Tahiti : apprendre à faire ses yaourts. La vie est chère en Polynésie française, à commencer par tous les produits laitiers qui sont importés. On trouve par exemple 6 yaourts nature à une quinzaine d'euros. Globalement, les prix sont multipliés par deux, voire trois, par rapport à la métropole. Les prix des loyers, des voitures, du vin, des magazines... sont tous plus élevés. « Tahiti est l'un des territoires les plus chers au monde », peut-on souvent entendre sur place. La réalité est à nuancer. Cela s'explique d'abord par l'éloignement des îles et donc par un coût élevé du transport : il est évident que vouloir boire une boisson au cola au fin fond des Gambier aura un prix. Par ailleurs, il n'existe pas, sur le territoire, d'impôts sur le revenu. Manger « local » sera, enfin, souvent moins cher : préférez le marché aux grandes surfaces et évitez surtout les produits importés. La viande est (presque) à oublier : le poisson sera sans nul doute un bien meilleur allié pour votre budget.

VIGNE

Vivre à Rangiroa, c'est vivre sur une bande de terre large de quelques mètres. Avec des plages de corail* blanc et contre toute attente... une vigne qui défie les éléments.

C'est le pari fou d'un industriel de Tahiti qui, après des années de tests, a planté en 1997 une vigne à fleur d'eau, sur le plus grand atoll des Tuamotu. Le domaine s'étend aujourd'hui sur une dizaine d'hectares au milieu de la cocoteraie, avec pour terreau le corail qui fournit le calcaire indispensable au vignoble. Des pompes solaires qui viennent activer un système de goutte-à-goutte, assurent son irrigation. Un exploit! Très coûteux par ailleurs là où l'eau est rare. L'autre performance tient au fait que les vendanges sont réalisées deux fois par an, en mai et en novembre: c'est la taille qui détermine le cycle végétatif en l'absence de saisons.

Élevés sur l'île, dans un chai à 16 °C, les vins sont ensuite mis en bouteille à Tahiti, à raison de 40 000 bouteilles par an. Distribués en France, blancs et rosés (carignan, italia et muscat de Hambourg) sont vendus sous l'appellation «Vin de Tahiti» aux alentours de 25 euros. Seul le capitaine Cook avait tenté naguère le pari à Huahine et obtenu du raisin qui n'existe plus que dans les récits. La vigne est aussi cultivée à Tubuai (*Voir Grenier*), la plus grande île des Australes, où règne un climat tempéré.

Depuis mai 2017, la canne à sucre pousse aussi sur le corail de Rangiroa qui produit ainsi son propre rhum.

VINI

C'est le nom donné par les Polynésiens au téléphone portable. Le *vini* désigne à la fois l'appareil («j'ai encore perdu mon *vini*...») et le numéro («c'est quoi ton *vini*?»). À l'origine, Vini est le nom du seul opérateur de téléphonie mobile présent sur le territoire, dont le réseau couvre aujourd'hui une soixantaine d'îles sur les 76 habitées. L'opérateur tire lui-même ce terme (et son logo) d'une petite perruche rouge, le *vini ura* ou lori de Kuhl. Ce magnifique oiseau, qui n'existe plus qu'à Rimatara (Australes), ainsi qu'à Atiu (îles Cook) où il a été réintroduit, est aujourd'hui protégé. Il fut longtemps chassé pour ses plumes rouges qui servaient à confectionner coiffe, ceinture et cape royales. Vini est également un prénom polynésien féminin.

VOLCAN

Les îles de la Polynésie française sont les vestiges d'anciens volcans, les îles hautes (Tahiti, Moorea, Bora Bora...) comme les atolls* (Tikehau, Rangiroa...). Les premières sont les plus jeunes. Une fois éteinte, la montagne volcanique s'érode et s'enfonce progressivement : lorsque le dernier piton volcanique au milieu du lagon disparaît, l'île n'est formée que d'un simple anneau corallien et est alors appelée atoll. Ce phénomène s'échelonne sur plusieurs millions d'années. Les lavatubes*, ces tunnels creusés par la lave, témoignent encore de ce passé sulfureux.

W

WALLIS BOUGAINVILLE & COOK

Le 18 juin 1767, Samuel Wallis est le premier Européen à parvenir jusqu'à l'île de Tahiti, à bord du *Dolphin*. Un premier contact hostile : la frégate est accueillie par des jets de pierre. Et, face aux attaques, le capitaine anglais n'hésite pas à recourir à la canonnade. De nombreuses victimes sont à déplorer parmi les Tahitiens. Samuel Wallis peut alors débarquer tranquillement ; il en profite pour faire des provisions mais ne rapporte aucune information scientifique, si ce n'est la découverte d'un nouveau territoire dont il prend possession et nomme « île du roi Georges III ».

Changement de contexte pour Louis-Antoine de Bougainville aux commandes de l'*Étoile* et de la *Boudeuse* : il est le premier Français, un an après le Britannique, à découvrir Tahiti, le 2 avril 1768. L'expédition fait une escale de dix jours dans le lagon d'Hitiaa (côte est de Tahiti) et est, à l'inverse, extrêmement bien reçue par la population. Le court séjour (moins d'une dizaine de jours) ne donnera pas non plus lieu à de nouvelles connaissances décisives, mais à l'avènement d'un mythe : sensible aux charmes de la vie polynésienne, Bougainville baptise Tahiti « la nouvelle Cythère » en hommage à la douceur de ses mœurs. Pour la première fois, il est question du paradis ! En outre, il repart avec à son bord le jeune Ahutoru*.

Le troisième explorateur à gagner les côtes tahitiennes est l'Anglais James Cook ; ce dernier s'attachera davantage à percer les mystères polynésiens. À bord de l'*Endeavour*, le plus méthodique des trois arrive en baie de Matavai (côte est de Tahiti) le 13 avril 1769. Il sera le premier à réellement décrire la culture tahitienne et son environnement (plantes, oiseaux, poissons, insectes...). James Cook fera à nouveau escale à Tahiti en 1773, 1774 et 1777. Son ouvrage *Relations de voyage autour du monde*, qui retrace ses principales expéditions de 1768 à 1779, reste une référence. Cook est assassiné en 1779 à Hawaï, à la suite d'un différend entre son équipage et les Hawaïens.

WINDSURF

Le Windsurf (ou planche à voile) est loin de connaître le succès du surf en Polynésie française. Pour les adeptes, il faut même disposer de son propre matériel car aucun magasin n'en loue. Plusieurs spots* sont toutefois réputés, notamment le *motu* Martin à Mahina (côte est de Tahiti) et la plage des Tipaniers à Moorea. L'ouverture d'une école de Windsurf à Raiatea (à moins d'une heure de vol de Tahiti) a contribué à attirer de nouveaux pratiquants, d'autant plus sur ce site idéal pour les planches, situé le long de la côte entre les îles de Raiatea et Tahaa. La meilleure saison pour s'adonner au Windsurf se situe de mai à septembre, période propice au *maraamu**.

Y-Z

YLANG-YLANG

Elle parfume les monoï*, les couronnes et les colliers: «la fleur des fleurs», l'ylang-ylang, appelée *motoi* par les Tahitiens, a une apparence unique. Ses fleurs, disposées en grappe, présentent de longs pétales jaune verdâtre chiffonnés et tombants – soit l'expression même de son indolence: son essence aurait des vertus relaxantes. Originaire de l'Asie, l'ylang-ylang, rendu célèbre en 1923 par Coco Chanel et son parfum N°5, est depuis très prisé par la parfumerie de luxe.

ZESTE

Plus il est petit et plus il est acide: le citron vert, appelé *taporo* par les Polynésiens, est moins aigre que son cousin, le jaune, mais plus juteux. Son zeste accompagne tous les repas. Utilisé en citronnade, il est surtout associé à la préparation du poisson cru au lait de coco. Versé sur les fruits, comme la mangue, il parfume les gâteaux et enrichit les cocktails. Les Polynésiens s'en servent aussi comme d'un antiseptique. En provenance essentiellement des Marquises, il n'est pas vendu à l'unité mais par dizaines dans de grands sacs en plastique sur tous les marchés.

Bibliographie

Dominique AGNIEL, *Aux Marquises*, L'Harmattan. À l'issue d'un tour du monde en voilier, Dominique Agniel s'installe pendant deux ans aux Marquises. Passionnant pour découvrir l'archipel.

Anne AKRICH, *Il faut se méfier des hommes nus*, Julliard. Sur les pas de Marlon Brando, Anne Akrich, originaire de la Polynésie française, donne à découvrir, sans tabou, une société tahitienne moderne.

François BAUER, *Raerae de Tahiti, rencontre du troisième type*, Haere Po. Enquête sur la difficile et ambiguë condition des travestis de Tahiti, devenus malgré eux, un emblème du pays.

Christian BESLU, *Tranche de vie à Mururoa*, Le Motu. L'expérience de vingt-six années passées à travailler sur les sites nucléaires de la Polynésie française. L'auteur détaille la vie quotidienne à Mururoa (avec photos).

Philippe DRAPERI, *O Taiti ou la Nef des fous*, Haere Po. Un essai passionnant sur le paradigme polynésien, ou les fantasmes véhiculés par ces îles, « monde clos qui erre comme un vaisseau-asile ». L'auteur, professeur de philosophie, y décrit le syndrome de Robinson.

Romain GARY, *La Tête coupable*, Gallimard. Un roman picaresque : Gengis Cohn vit en marge de la société avec sa belle vahiné, à Tahiti. Pour subsister, il se sert de quelques mythes clé. À lire après la lecture de *Noa Noa*.

Paul GAUGUIN, *Noa Noa*, Omnia. Autobiographie de l'artiste, assoiffé d'authenticité et confronté aux déconvenues du mythe rousseauiste du « bon sauvage » à Tahiti.

Patrice GUIRAO, *Les Disparus de Pukatapu*, Robert Lafffont, coll. « La Bête noire ». Le polar à lire pour appréhender la Polynésie française sans s'ennuyer.

Teuira HENRY (réunis par), *Les Mythes tahitiens*, Gallimard. Une référence. L'auteur est parti des notes écrites un siècle plus tôt par son grand-père.

Victoire LAURENT, *Historique des cyclones de Polynésie française*, Météo France. Récits (et photos) des 56 phénomènes météorologiques d'envergure qui ont traversé la Polynésie française depuis 1831.

Jean-Hugues LIME, *Mangareva*, Le cherche midi. L'arrivée des deux premiers missionnaires catholiques, en 1834, dans l'archipel des Gambier, qui deviendra le berceau du catholicisme.

Jean-Marc Tera'ituatini PAMBRUN, *Le Bambou noir*, Le Motu. Roman sur le déclin d'un artiste tahitien tourmenté.

Titaua PEU, *Pina*, Au Vent des îles (prix Eugène Dabit 2017 du roman populiste). Livre choc, sur une enfance volée, dans les quartiers pauvres de Tahiti.

Jean-Marc REGNAULT, *Pouvanaa a Oopa*, Les Éditions

de Tahiti. Enquête sur les circonstances qui ont mené en prison l'un des plus grands hommes politiques polynésiens, Pouvanaa a Oopa.

Jean REVERZY, *Le Passage*, éditions du Sonneur (prix Renaudot 1954). Roman de la finitude. Le héros se meurt après avoir tenu pendant dix ans l'hôtel des Mers du Sud. Troublant.

Sylvain ROUMETTE, *Lilith dans l'île*, Libretto. Le narrateur est à la recherche de la femme avec qui il a partagé un amour passionné, dix ans plus tôt. De Rurutu à Tahiti en passant par l'île de Pâques, son odyssée s'achève à Makatea, l'île « fantôme » et cette image de Lilith telle Pandora.

Bruno SAURA, *Entre nature et culture*, Haere Po. Une étude sur la traditionnelle mise en terre du placenta.

Jean-Jo SCEMLA, *Le Voyage en Polynésie*, Robert Laffont. Condensé, sous forme d'extraits, de récits de voyageurs « occidentaux », de James Cook à Victor Segalen.

Victor SEGALEN, *Les Immémoriaux*, Plon. Roman sur l'agonie des traditions polynésiennes après l'arrivée des Européens, qui permet à l'auteur, paradoxalement, de les faire revivre.

Elsa TRIOLET, *À Tahiti*, éditions du Sonneur. En 1919, Elsa Triolet séjourne pendant un an à Tahiti avec son mari. Parallèle intéressant et inattendu entre sa Russie natale et la Polynésie.

Dépôt légal de la première édition : deuxième trimestre 2015
Troisième édition : novembre 2020
Imprimé en Espagne